"할 말이 있다"

지은이

김삼웅

독립운동사 및 친일반민족사 연구가로, 현재 신흥무관학교 기념사업회 공동대표를 맡고 있다.
《대한매일신보》(지금의 《서울신문》) 주필과 독립기념관장을 지냈다. 역사·언론 바로잡기와
민주화·통일운동에 큰 관심을 두고, 독립운동가와 민주화 운동에 헌신한 인물의 평전(약 50종)
등 이 분야의 많은 저서를 집필했다. 최근 첫 소설 『네 칼이 센가 내 칼이 센가』를 출간했다.

할 말이 있다 : 한국을 바꾼 역사의 순간

1판 1쇄 펴낸날 2026년 1월 30일

지은이	김삼웅
펴낸이	신복진
펴낸곳	달빛서가
주소	경기도 부천시 소사구 경인로 477, 경용빌딩 4층 27호
등록	2024년 5월 17일 제2024-000038호
팩스	0504-257-9729
이메일	daymoonpub@gmail.com
인스타그램	@moonlit.pub
디자인	일리
교정	신서진, 이윤정

ISBN 979-11-988969-2-6 03910

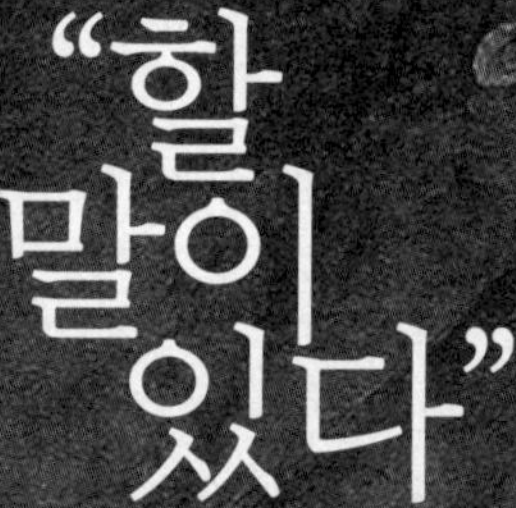

"할 말이 있다"

한국을 바꾼 역사의 순간

김삼웅

우리 현대사를 꿰뚫은 명문들은 역사를 어떻게 기록했을까?

광복^{해방} 80년이다. 우리가 겪어 보지 못한 격동과 격변의 시간이었다. 광복과 해방이라는 용어의 쓰임새가 비슷하다. 국가가 정한 기념일은 광복절이고, 독립운동가^{후예}들의 단체 이름도 '광복회'이다. 1940년에 대한민국 임시정부가 창설한 군대도 '한국광복군'이다. 또 한편으로는, 8·15 이후의 정치·사회적 공간을 일러 '해방 공간'이라 하고, 그해에 태어난 사람을 '해방둥이'라고 부른다. '노예 해방', '여성 해방' 같은 용어에도 '해방'이 쓰인다. 따라서 '해방'이라는 용어도 소홀히 다룰 수는 없다.

'광복'이라는 말에는 '빛을 되찾는다'라는 주권회복의 능동성이 포함되고, '해방'이라는 말에는 수동적인 면이 포함되어 있다고 말하기도 한다. 이 책에서는 두 용어를 함께 쓴다.

광복 80년. 그 이전이나 지금이나 한반도는 지정학적으로 '네 마리 식인 코끼리'에 둘러싸여 있다. 미국, 일본, 중국, 러시아라는 코끼리들은 초식이 아닌 육식^{식인} 동물이다. 그나마 다행이라면 우리나라와 중국·러시아의 사이에는 북한이 있고, 미국과 일본 사이에는 태평양과 동해가 가로놓여 있어 국경을 직접 맞대지 않고 있다는 것이다. 그런 까닭에 대한민국은 반도가 아니라 섬이 되었다. 섬^{국가}은 지정학적으로 잘 활용하면 사통팔달의 활로가 있지만, 잘못하면 외따로 떨어져 '외로운 섬'이 되어 버린다.

광복 80년. 지금도 '격동과 격변'은 계속되고 있다. 광복과 동시에 분단이 되고, 미군정이 실시되고, 한반도 위아래로 각각 다른 정부가 수립되었다. 그 뒤로는 6·25 전쟁, 이승만의 백색 독재, 4·19 혁명, 장면의 제2공화국, 박정희의 5·16 군사 쿠데타와 유신 친위 쿠데타, 부마 민주 항쟁과 10·26 사건, 최규하의 과도 정부와 전두환의 12·12 쿠데타, 광주 민주화 운동과 시민 학살, 6월 항쟁과 민주 정부, 그리고 대통령 탄핵 등으로 이어지는 참으로 숨 가쁜 역정이었다.

지난날 분단 세력·반민족·반민주 독재자와 그 부역자들이 민주공화제를 쥐어짜고 역류시킬 때 외롭고 양심적인 국민은 글과 행동으로 맞섰다. 우리는 오랜 문민의 전통을 가진 글의 나라이다. 세계 최초의 금속 활자를 만들고, '훈민정음'을 창제했으며, 몽골의 침략을 이겨내기 위해 '팔만대장경'을 새기고, 세계사에 없는 『조선왕조실록』을 남겼다.

해방 80년 동안 전개된 갖가지 정변, 사건, 사고, 사태가 있을 때마다 이에 따른 명문明文, 즉 논설, 격문, 성명서, 풍말 등이 있었다. 이 글들은 역사의 물굽이를 바로잡고 민주공화제를 지키고 발전시키는 데 큰 역할을 했다.

‘명문’에는 시, 연설, 강연, 변론, 양심선언, 판결문, 최후진술, 추도사, 창간사, 칼럼 등 다양한 장르가 포함된다.

광복 80년 동안 한국 사회의 중요한 시기에 발표된 명문을 살피기로 하면서 나름의 원칙을 세웠다. 18세기 프랑스의 뷔퐁이라는 사상가는 “글은 사람이다”라고 했다. 아무리 글이 명문이라도 독재자와 그 부역자, 변절자들의 작품은 제외했다. “검의 칼끝은 부러져도 펜촉은 부러지지 않는다”라는 인도의 격언과 “펜을 가지고 쓰인 것은 도끼로도 부수지 못한다”라는 영국의 잠언이 있듯, 펜의 작품, 글의 역할과 정직한 말의 힘은 무한하기 때문이다.

01

해방의 첫걸음

1945년 8월 15일, 우리나라는 마침내 광복을 맞았다. 식민지의 사슬은 풀렸으나 국가의 지도력은 어디에도 없고, 행정과 치안은 사실상 마비 상태였다. 해방의 기쁨만큼이나 혼란과 불안이 뒤섞여 앞을 내다보기 힘들었다.

그때 조선 지도층의 삶은 두 갈래였다. 일제의 가혹한 탄압과 유혹을 뿌리치면서 민족적 양심을 지키던 사람들이 있는가 하면, 일본에 협력하고 동조하며 안락을 누리던 사람들이 있었다.

김구, 이승만, 박헌영 등은 해외나 감옥에서 독립운동을 이어갔고, 많은 인사들은 숨어 지내거나 감옥에 갇힌 채 해방을 맞았다. 이와 달리 일제에 충성을 바친 문인과 군인, 지식인 등은 해방된 뒤에도 한국 사회의 주류가 되고 해방 조국의 주역이 되었다.

해방된 조선은 들뜬 분위기와 혼란을 잠재우고 새로운 질서를 만들 지도자가 필요했다. 이때 누구보다 발 빠르게 움직인 사람이 여운형이었다. 총독부 정무총감과 직접 협상하며 정치범 석방과 식량 확보, 자치권 보장 등 다섯 가지를 요구했다. 이어 안재홍 등과 함께 '건국동맹'을 토대로 '건국준비위원회건준'를 만들었다. 건준은 해방 직후 여운형을 중심으로 민간이 자율적으로 만든 첫 정치 조직이다. 무정부 상태에서 건준은 치안과 자치를 맡았다.

건준은 '완전한 독립국가 건설, 민주정권 수립, 국내 질서 자주적 유지, 대중생활 확보' 등을 내세워 해방 공간의 혼란을 최소화하려 했다. 여운형은 좌우를 가리지 않고 각계 지도자들과 연대하며 많은 사람이 참여하는 단체를 만들고자 했다. 국민에게 새로운 방향을 제시하기 위한 준비도 서둘렀다.

8월 16일, 여운형은 휘문중학교 운동장에서 수천 명의 군중 앞에 섰다. 전날 총독부와 나눈 협상 내용을 바탕으로 '광복 첫 일성'을 발표했다. 조선 민중에게 역사적 방향을 제시하는 연설이었다. 그는 단결과 자율, 민족의 품격을 강조하며 혼란을 수습하고 희망을 심어 주려 했다.

여운형의 광복 후 첫 일성

조선 민족 해방의 날은 왔다. 어제 15일 아침 8시 엔도 조선총독부 정무총감의 초청을 받아 "지나간 날 조선 일본 두 민족이 합한 것이 조선 민중에 합당하였는가 아닌가는 말할 것이 없고 다만 서로 헤어질 오늘을 당하여 마음 좋게 헤어지자. 오해로서 피를 흘린다든지 불상사가 일어나지 않도록 민중을 잘 지도하여 달라"는 요청을 받았다.

나는 이에 대하여 다섯 가지 요구를 제출하였는데 즉석에서 무조건 응락을 하였다. 즉,

1) 전 조선 각지에 구속되어 있는 정치경제범을 즉시 석방하라.

2) 집단 생활인 만치 식량이 제일 문제이니 8, 9, 10의 3개월간 식량을 확보 명도하여 달라.

3) 치안 유지와 건설 사업에 있어서 아무 구속과 간섭을 하지 말라.

4) 조선 안에 있어서 민족 해방의 모든 추진력이 되는 학생 훈련과 청년 조직에 대하여 간섭을 말라.

5) 전 조선 각 사업장에 있는 노동자를 우리들의 건설 사업에 협력시키며 아무 괴로움을 주지 말라.

이것으로 우리 민족 해방의 첫걸음을 내디디게 되었으니 우리가 지난날에 아프고 쓰렸던 것은 이 자리에서 모두 잊어 버리자. 그리하여 이 땅을 참으로 합리적인 이상적 낙원으로 건설하여야 한다. 이때 개인의 영웅주의는 단연코 없애고 끝까지 집단적 일사불란의 단결로 나아가자.

머지않아 각국 군대가 입성하게 될 것이며 그들이 들어오면 우리 민족의 모양을 그대로 보게 될 터이니 우리들의 태도는 조금도 부끄럽지 않게 하여야 한다. 세계 각국은 우리들을 주목할 것이다. 그리고 백기를 든 일본의 심흉을 잘 살피자. 물론 우리들의 아량을 보이자.

세계 신문화 건설에 백두산 아래에 자라난 우리 민족의 힘을 바치자. 이미 전문대학 학생의 경비원은 배치되었다. 이제 곧 여러 곳으로부터 훌륭한 지도자가 오게 될 터이니 그들이 올 때까지 우리는 힘은 적으나마 서로 협력하지 않으면 안 될 것이다.*

---

* 《매일신보》, 1945년 8월 17일 자.

02

통일 국가를 위하여

조선은 해방되었으나 대한민국 임시정부는 나라 밖에 있었다. 대한민국 임시정부 주석 김구는 중국 충칭에서 일제 패망 소식을 듣고 곧바로 '환국'을 준비했다.

이때 미국은 대한민국 임시정부를 공식적으로 인정하지 않았다. 김구 등 임시정부 요인들이 임시정부 자격으로 귀국하는 것도 받아들이지 않았다. 김구 등 임시정부 요인들은 끝내 '개인 자격'으로 귀국한다는 조건을 받아들이고, 해방된 지 약 세 달이 지난 11월 23일에야 고국으로 돌아왔다.

김구 일행은 그날 오후 5시가 넘어 경교장에 도착했다. 미군정은 라디오 방송을 통해 "오늘 오후 김구 선생 일행 15명이 서울에 도착하였다. 오랫동안 망명하였던 애국자 김구 선생은 개인 자격으로 서울에 돌아온 것이다"라는 짧은 성명을 발표했다. 개인 자격을 유난히 강조하며 임시정부의 법통을 인정하지 않는다는 것을 분명히 했다.

김구 일행이 돌아왔다는 소식이 전해지면서 시내 곳곳에 환영 벽보가 나붙었다. 사람들은 김구가 당시 머무는 경교장으로 몰려들었다. 언론도 김구를 주목했다.

경교장에서 첫날 밤을 지낸 김구는 다음 날부터 찾아오는 인사들을 맞느라 쉴 틈도 없었다. 귀국 뒤 첫 기자회견도 열었다. 고국으로 돌아와 첫 밤을 지낸 감상을 묻자 "내가 혼이 왔는지 육체가 왔는지 분간할 수 없는 심경"이라 말하고, '개인 자격 환국'과 관련해서는 "군정이 실시되고 있는 관계로 대외적으로는 개인 자격이 된 것이나 우리나라 사람 입장으로 보면 임시정부가 환국한 것이다"라고 분명하게 밝혔다.

그날 저녁, 김구는 방송에 나와 "나와 나의 동사일동同事一同이 무사히 이곳에 도착하였다는 소식을 전합니다"라고 직접 전했다. '동사일동'은 독립운동을 함께하던 사람들을 이른다.

김구는 환국한 날 성명을 발표했다. 해방 정국의 혼란 속에서 국민에게 정치적 방향을 제시하면서 민족 통합과 자주독립에 대한 강한 의지를 드러냈다. '귀국 성명'은 김구를 대신해 엄항섭이 발표했다. 이 성명은 임시정부의 수장이 해방된 조국에서 발표한 첫 공식 메시지였다. 다음은 원문을 이해하기 쉽게 풀어 쓴 글이다.

김구의 환국 첫 성명

27년간 꿈에도 잊지 못하던 조국 강산을 다시 밟을 때 나의 흥분되는 정서는 말로 다 표현할 수 없습니다. 나는 먼저 경건한 마음으로, 우리 조국의 독립을 싸워 얻기 위하여 희생되신 유명 무명의 무수한 선열과 아울러 우리 조국의 해방을 위하여 피를 흘린 수많은 동맹국 용사에게 조의를 표합니다.

다음으로는 충성을 다하여, 3천만 부모 형제자매와 우리나라에 주둔해 있는 미국·소련 등 동맹군에게 위로의 뜻을 보냅니다. 나와 나의 동료들은 과거 20, 30년간을 중국의 원조하에서 생명을 부지하고 우리의 공작을 전개해 왔습니다. 더욱이 이번의 귀국에는 중국의 장개석^{장제스} 장군 이하 각계각층의 도움을 받았습니다. 그리고 또 한국에 있는 미군 당국의 성대한 성의도 입었습니다. 그러므로 나와 나의 동료는 중·미

양군에 대하여 큰 존경의 뜻을 표하는 바입니다.

또 우리는 우리 조국의 북부를 해방해 준 소련에 대해서도 함께 존경의 뜻을 표합니다.

이번 전쟁은 민주를 옹호하기 위하여 파시스트를 타도하는 전쟁이었습니다. 그런데 이 전쟁이 승리하게 된 오직 하나의 원인은 동맹이라는 약속을 통하여 상호 단결 협조함에 있었습니다.

그러므로 이번 전쟁을 앞장서서 이끌어 큰 전공을 세운 미국조차도 승리의 공로를 독점하지 아니하고 동맹국 전체에 돌리고 있는 것입니다. 우리는 미국의 겸허한 미덕을 찬양하며 한마음으로 협력한 동맹국에 대해서도 똑같이 감사하는 마음을 가지고 있습니다. 그들의 이러한 태도는 모두 우리에게 주는 큰 교훈이라고 확신합니다. 나와 나의 동료는 각각 한 사람의 시민 자격으로 귀국하였습니다. 동포 여러분의 부탁을 받아서 노력한 결과 이와 같이 여러분과 얼굴을 마주하게 되니 대단히 죄송합니다. 그러나 여러분은 나에게 벌을 주지 아니하시고 도리어 열렬하게 환영해 주시니 감격의 눈물을 흘릴 뿐입니다.

나와 나의 동료는 오직 완전히 통일된 독립 자주의 민주 국가를 완성하기 위하여 여생을 바칠 결심을 가지고 귀국했습니다. 여러분은 조금이라도 가림 없이 심부름을 시켜 주시기 바랍니다. 조국의 통일과 독립에 도움이 되는 일이라면 불구덩이나 물속에라도 들어가겠습니다. 우리는 미국과 중국의 도움을 받아 여러분과 기쁘게 만나게 되었습니다. 그러나 우리는 오래지 않아 또 소련의 도움으로 북쪽의 동포도 기쁘게 대면할 것을 확신합니다.

　여러분도 우리와 함께 이날을 기다립시다. 그리고 완전히 독립 자주
할 통일된 신민주 국가를 건설하기 위하여 함께 노력합시다.*

* 　「김구 주석의 스테-트먼트」, 《자유신문》, 1945년 11월 24일 자; 국사편찬위원회 우리역사넷에서
　재인용.

“

나와 나의 동료는 오직 완전히 통일된 독립 자주의 민주 국가를 완성하기 위하여 여생을 바칠 결심을 가지고 귀국했습니다. 여러분은 조금이라도 가림 없이 심부름을 시켜 주시기 바랍니다. 조국의 통일과 독립에 도움이 되는 일이라면 불구덩이나 물속에라도 들어가겠습니다.

”

03

눈물로 가시덤불
헤치시라

해방과 함께 일제 강점기에 억압받던 언론과 출판, 예술 분야는 숨통이 트이고, 문화계도 활기를 띠었다. 해방의 밝은 햇볕을 간절히 바랐던 시인들은, 해방의 기쁨을 노래하는 동시에 억눌렸던 민족적 고통과 개인적 침묵을 풀어내는 언어를 찾으려 했다.

해방 공간에서 문인들은 단순한 감상이나 추억에 젖어 있지 않고 시대를 증언하고 민족의 미래를 고민했다. 일부 시인들은 독립운동가의 귀환을 맞이하는 시를 발표했고, 또 다른 시인들은 식민지 시절의 상처와 분열을 성찰하는 작업을 이어갔다.

이 시기의 대표적 시인 가운데 한 사람이 정지용이다. 일제 강점기에 그는 〈향수〉와 〈백록담〉 같은 빼어난 시를 많이 남겼다. 그는 여느 시인들과 달리 "우리의 목소리로 노래"했고, "전 생애를 통하여 오로지 시만을 위해 살다"간 시인이었다.*

해방의 자유와 기쁨을 만끽하는 것도 잠시, 정지용은 한국전쟁 당시 설정식 등과 북으로 끌려간 뒤 행방이 묘연해졌다. 다른 납북 문인들처럼 그의 이름도 한동안 대한민국에서 사라졌다가 1987년 민주화 이후에 금지가 풀리면서 이름을 되찾았다.

해방되던 해, 정인보와 홍명희, 안재홍, 김기림 등 스물네 명의 시를 모은 『해방기념시집』중앙문화협회이 출간되었다. 여기에 정지용도 〈그대들 돌아오시니〉를 실으며, 독립운동가와 순국선열을 향한 진심 어린 환영과 경의를 표현했다. '재외 혁명 동지에게'라는 부제가 붙은 이 시는 민중의 애절한 기다림과 선열의 귀환을 축하하는 말로 가득하다.

시에서는 식민지 조선의 억압과 눈물, 잃었던 이름과 고향, 흩어진 가족들이 다시 만나는 순간 등이 서정적으로 묘사된다. 반복되는 "그대들 돌아오시니 / 피 흘리신 보람 찬란히 돌아오시니!"라는 구절은 단순한 환영을 넘어선 감동의 언어이다. 해방 공간의 현실을 넘어 민족 전체가 함께 짊어졌던 고통의 기억을 어루만진다.

* 　김학동, 「책머리에」, 『정지용 연구』, 민음사, 1997(개정판).

그대들 돌아오시니

—재외 혁명 동지에게

백성과 나라가

이적夷狄에 팔리우고

국사國祠에 사신邪神이

오연傲然히 앉은지

죽엄보다 어두은

오호嗚呼 삼십육三十六년!

그대들 돌아오시니

피 흘리신 보람 찬란燦爛히 돌아오시니!

허울 벗기우고

외오 돌아섰던

산山하! 이제 바로 돌아지라.
자휘 잃었던 물
옛 자리로 새 소리 흘리어라.
어제 하늘이 아니어니
새론 해가 오르라

그대들 돌아오시니
피 흘리신 보람 찬란히 돌아오시니!

밭이랑 문희우고
곡식 앗어가고
이바지 하올 가음마자 없어
금의錦衣는 커니와
전진戰塵 떨리지 않은
융의戎衣 그대로 뵈일밖에!

그대들 돌아오시니
피 흘리신 보람 찬란히 돌아오시니!

사오나온 말굽에
일가 친척 흐터지고

늙으신 어버이, 어린 오누이

낯 서라 흙에 이름 없이 굴으는 백골白骨!

상긔 불현듯 기달리는 마을마다

그대 어이 꽃을 밟으시리

가시덤불, 눈물로 헤치시라.

그대들 돌아오시니

피 흘리신 보람 찬란히 돌아오시니!*

* 『解放記念詩集(해방기념시집)』, 중앙문화협회, 1945.

풀어 쓴
〈그대들 돌아오시니〉

백성과 나라가
외세에게 팔려 가고
나라의 사당에는 나쁜 세력이
뻔뻔하게 자리 잡은 지
죽음보다 더 어두웠던
아, 36년!

그대들이 돌아오시니
흘리신 피의 보람이 눈부시게
빛나며 돌아오시니!

겉모습만 번드르르하고
속은 비어 있던
산과 강아, 이제는 올바르게 서라
길을 잃었던 강물이
옛 자리를 찾아 맑게 흘러라
어제의 하늘은 아니니
새로운 해가 떠오르리라

그대들이 돌아오시니
흘리신 피의 보람이 눈부시게
빛나며 돌아오시니!

밭두렁이 무너지고
곡식은 빼앗기고
먹을 것도 채 마련 못 했는데
비단옷은 바라지도 않으니
전쟁의 흔적이 묻은
군복 그대로 당신들을
뵙겠습니다!

그대들이 돌아오시니
흘리신 피의 보람이 눈부시게
빛나며 돌아오시니!

사나운 말발굽 소리에 쫓겨
가족이 흩어지고
늙으신 부모와 어린 동생은
낮에도 땅속에 묻혀 이름조차
없이 남은 뼈가 되었네
그 아픔이 갑자기
떠오르는 마을마다
그대들이 어찌 꽃길만
걸을 수 있으랴
가시덤불을 눈물로
헤치며 나아가시라

그대들이 돌아오시니
흘리신 피의 보람이 눈부시게
빛나며 돌아오시니!

04

나라는 다시 온다

일제 강점기에 조선총독부는 많은 돈을 투자하여 일본 어용 사학자와 조선 친일 사학자들을 동원하여 조선사편수회를 만들어 『조선사』를 펴냈다. 이들은 이를 통해 조선의 역사를 뿌리부터 왜곡하고 조작했다. 이는 모두 조선을 영구적으로 지배하기 위해서였다.

해방 이후 문인과 지식인들은 훼손된 역사와 언어, 정신을 복원하는 일을 시대의 책무로 여겼다. 특히 해방 공간에서 '겨레의 얼'을 회복시키려는 움직임은 문학을 넘어 역사와 교육 분야까지 퍼졌으며, 이는 곧 국학國學을 재정립하려는 시도와 맞물렸다.

이러한 흐름의 중심에 선 대표적 지식인이 정인보였다. 그는 일제의 타율성론, 사대주의적 조선사 해석을 반박하며 민족사학의 기틀을 세운 학자이자 문필가였다. 그의 대표작인 『오천 년간 조선의 얼』은 민족 정신의 연속성과 고유한 '얼'의 의미를 역사적으로 정리한 책이다.

그는 사람에게서 '얼'이 사라지면 그 사람은 꺼풀껍데기만 남은 존재라고 하며, 식민주의 사관에 맞서 인간과 민족의 중심을 강조했다. 또 "나를 춥고 굶주리게 할 수는 있어도 나의 얼을 빼앗아 가지는 못한다"라는 말로 결연한 의지를 드러냈다. 올곧고 매서운 성품을 타고나서 특히 허위와 가식을 싫어했다.

일제 강점기에 수많은 사회 지도층 인사들이 절개나 지조를 꺾을 때 정인보는 위협과 회유의 손길을 피해 숨어 살면서 청렴한 지조와 절개를 지켰다. 해방 이후 정인보는 조선이 되찾은 자유와 함께 부활한 민족 정통을 복원하는 데 온 힘을 기울였다. '국학'이라는 용어를 처음 썼고, 국사·국문학·한문학을 아우르는 학문적 기반 위에 민족의 뿌리를 세우려 했다.

그는 임시정부가 고국으로 돌아온 것을 기념하며 「봉영사」, 「순국선열 추념문」 등을 지어 순국선열과 생존 독립지사들의 공로를 기렸다. 특히 「봉영사」'봉영사'는 '받들어 맞이하는 글'이라는 뜻는 임시정부가 오랫동안 해외에서 민족의 혼을 붙들고 있었다는 사실을 재확인하고, 이제 국민 모두가 그 뜻을 이어야 한다고 강조한다. "나라는 다시 온다"라는 문장은 해방 공간에서의 정통성 회복과 역사적 책임을 일깨우는 선언으로 읽힌다.

봉영사

우리 적의 기반羈絆 밑에서 우리 정부를 그리워함이 무릇 몇 해이뇨? 기미 3월 전 민족의 뜻이 독립만세 소리로 터지어 대한민국 임시정부로 뭉친 지 27년 만에 오늘날 이 정부 주석 김구 선생 및 정부 제공을 이 땅에서 마중하게 되었다.

상해상하이로 중경충칭으로 그 가지로 겪은바 고사古史에도 비례가 없건만 고심과 열혈 앞에 어려움을 모르시고 오늘에 이르셨다. 그동안 의지 없는 우리 민족이 바라고 향함이 이 정부 아니고 어디였으며, 고생으로 세월을 거듭하신 그분들의 꿈에도 잊지 못하심이 이 땅 이 민족이 아니고 누구였던가? 그러므로 비록 이역에서 서미栖眉하였을망정 머문 곳마다 3천만의 정신은 항상 그리로 따랐었다. 적은 물러갔으나 우리 손으로 쳐 쫓음이 아님은 한하신다는 말을 들었다. 그러나 그분들의 갈고 갈으신 그 칼이 마침내 천상의 가수假手하심을 보게 된 것이니 거룩한 이 돌아오심이야말로 무엇으로써 우리의 감격을 형용하리오?

오호, 그렇듯 그립던 정부로서 이 땅을 들어서는 즉시 국토의 장엄이 오히려 기다림을 느낀단 말가? 과거 27년 동안 적의 중압이 갈수록 더하여 포운疱雲 파월巴月의 상망想望조차 아득하였건만 어느 때고 우리나라의 독립이라고만 하면 곧 대한민국 임시정부를 생각하였었다. 손이 묶이고 발이 채인 우리로서 헤어지지 아니한 원혼이 있어 해표海表로 날아다닌 그 날개 곧 이 정부가 아니었던가?

그 가운데 우방조차 무전無前한 성혈腥血로 덮으매 우리는 풍편에 귀를 기울려 초조를 하면서 연합제국의 모임만 있다면 이 정부의 참가를 궁금해하였다. 뜨거운 포호에 고마웠고 승인에 좋았고 내지 조우와 협보에 감사하여 왔다. 오늘 이 땅에서 이 마중을 하는 우리는 과거 아득했던 그때 또 정신을 더한층 솟구자. 그리하여 일체로 책임을 지자. 강산아, 나라는 다시 온다. 일월성진아, 우리 대한민국 임시정부의 앞길을 비추라.*

* 　정인보, 『薝園 鄭寅普全集(담원 정인보 전집) 2』, 연세대학교 출판부, 1983, 324~325쪽.

문인들이여 붓을 들자

8·15 해방 당시 문화계는 정치와 마찬가지로 좌우 진영으로 분열되어 있었다.

좌익 계열은 해방 다음 날인 8월 16일 '조선문학건설본부'를 구성한 뒤, 문화예술 전 분야 인사들을 끌어들여 진영을 넓혀 갔다. 이들은 곧 '조선문화건설중앙협의회'8월 18일, '조선프롤레타리아예술연맹'9월 17일, '조선문학가동맹'12월 13일으로 조직을 확대·개편하며 해방 공간의 문화계를 주도했다.

이에 맞서 우익 성향의 문인들도 별도 조직을 출범시켰다. 이들은 1945년 9월 8일에 '조선문예협회', 1946년 3월 13일에 '전조선문필가협회'를 창립하며 우파 문학인의 목소리를 모으기 시작했다. 좌익이 빠른 조직화와 정치적 활동으로 문화계의 주도권을 잡자, 우익 문필가들은 사상과 민족의식에 기반한 문학의 방향을 밝히는 데 집중했다.

특히 전조선문필가협회는 단순한 이념 대립을 넘어서, 문인이 민중의 여론에 책임을 다해야 한다는 사회적 사명감 아래 결성되었다. '민주국가를 건설하는 데 이바지하고, 조선 문화를 발전시키고, 비인도적 경향을 없애자'라고 주장하는 등 해방 이후 문필가로서 조선이 나아갈 방향을 제시했다. 문필가들은 또 해방 이전의 황도 문학^{일본 제국주의 시대에 일본의 정신을 전파하는 내용을 담은 문학}과 일제 부역을 반성하는 동시에, 해방 이후에도 조선 사회가 이념에 휘말려 민중을 분열시키는 현실을 경계했다.

전조선문필가협회는 결성취지문에서 조선의 독립이 단순한 정치적 해방이 아니라 진정한 민족문화의 정립으로 이어져야 한다고 강조했다. 결성취지문은 국가가 다시 바로 설 수 있도록 문인이 힘을 모아야 한다는 시대적 결의를 담아 혼란기 속 문학이 지향하는 가치와 시대적 책임을 선언했다. 특히 "붓을 반드시 정당의 칼로 삼음이 아니라"라고 하며 정치와 문학의 긴장 관계 속에서도 문필가의 역할을 뚜렷하게 제시한다. 이 결성취지문은 결성대회가 있던 날 시인 김광섭이 낭독했다.

전조선문필가협회 결성취지문

8월 15일 이전에 우리는 일본 군국주의 앞에서 해골의 춤을 추어 소위 '황도'의 폭풍 아래 밀려서, 조국의 역사를 버리고 살아왔다. 이 비애의 도탄 속에서 비록 준비 없이 받아들인 해방이나마 3천만 민중에게 잊어 버렸던 민족적 각성을 깨우쳐, 자주독립의 길을 열어 주었음에 열광하지 않을 수 없다.

이로써 학정은 끝나고 민중은 열광하였으나 오랫동안 민중을 떠났던 지도자들은 조선이 나아갈 목표를 한 곳에 두지 않고 따라서 민중의 사상을 삼분오열케 하여 드디어 비약이 도리어 실추로 전화하려 하고 피의 의식으로써 갈망하던 독립은 지도자의 입에서 정권화되고 민중의 정열에서 떨어진 듯한 감도 없지 않으니 실로 8·15 이후의 조선정당사는 진리를 은폐한 기술이 아닐 수 없게 되었다.

물론 세계의 정세가 단순치 않고 사상의 계열이 복잡한 가운데서 억압되었던 36년의 모두가 숨김없이 폭발되는 해방 후의 사태가 모색을 거치지 않고 간단히 정돈되기 어려움은 이미 예상한 바이었으나, 국권을 게을리하여 빼앗겼던 죄의 36년을 잊어 버리고, 독립의 전야가 공公히 밝지 못하고 사私에 어두워 환경에 대한 신속한 처리가 감행되지 못한 채 세계가 주시하는 백일의 태양 아래서 외적과 싸우지 못한 용기를 다하여 동족끼리 피 비린 암투를 계속함을 일삼아 어느덧 우리는 일본의 독점을 떠나 연합국 사이에 끼인 듯하나, 이것이 과거의 역사적 과오를 건국 초기의 위대한 역사적 현실에 반복됨이 아니라 하며, 만대에 누릴 통일국가 건설에 일대 한사恨事라 아니하랴!

이에 문필을 가진 우리들은 붓을 반드시 정당의 칼로 삼음이 아니라, 민중의 여론에 지표가 서지 못한 이 혼란된 사태에 처하여, 이미 각성되었고 또 각성되려는 문화인의 현대적 정치의 정세를 다시금 순화하여 태극기 깃발 아래에 삼천만의 정열을 집중시키고, 공의를 형성하여 한결같이 인권이 존중되고 자유가 옹호되고 계급이 타파되고 빈부가 없는 가장 진정하고 가장 민주적인 국가관, 세계관을 밝혀 세계와 인류에 공통된 민족국가 이념 위에, 역사가 중단되었던 조국을 재건하려 함이니 세계에 빛나는 한 민족, 한 국가로 자처할 이 국민문화의 형성은 소파벌의 독재도 용납되지 않을 것이요, 계급적이기도 허용되지 않을 것이요, 전체에의 반동도 묵인되지 못할뿐더러, 논리에 있어서 모순이 없고 성격에 있어서 준철하며, 감성에 있어서 발랄하여 스스로 자주 자율하는 고귀한 도덕성이 요청되어야 할 것이다 이에 '전조선문필가협회'가 한번은 반드시 통일된 민족국가를 건설하려는 민족적 숙명 아래서 역사적 현실적 필연성을 띠고 탄생하는 바이니 우리는 어디까지든지 민주주의의 공식적 정당 강령화를 넘어서 생명에 부딪치고 다시 생활의 이념이 되어 정치로 향하여 가는 진정한 민주주의 문화를 건설하려 한다. 전도가 강호제현의 아낌없는 편달만이 우리를 정도에서 벗어나지 않게 하리라 믿는 바이다.*

"

이 회^{전조선문필가협회}는 인권이 존중되고 자유가 옹호되고 계급이 타파되고 빈부가 없는 가장 진정하고 가장 민주적인 국가관, 세계관을 밝혀 민족국가 관념 위에서 조국을 재건함에 있어 진정한 민주주의 문화건설에 이바지하려는 것이다.

"

《동아일보》 1946년 3월 9일 자

골고루 벌고, 골고루 일하자

해방된 한반도는 환희와 혼란이 뒤섞인 격변의 시기를 맞았다. 권력자들은 외세에 의존하고, 진영은 갈라지고, 민생은 무너진 상태에서 민족의 앞날은 누구도 장담할 수 없었다. 이런 상황에서 나아가야 할 방향을 제시한 사상이 있었다. 조소앙의 '삼균주의'이다.

삼균주의는 모든 국민이 동등한 권리를 바탕으로 나라를 함께 일으켜야 한다는 철학이다. 정치적 참여, 경제적 자립, 교육 기회의 균형 등이 실현되어야만 진정한 독립 국가가 될 수 있다는 생각이 담긴 사상이다. 이 사상은 단순한 이론이 아니라 실천을 요구하는 행동 지침이었다.

조소앙은 온 삶을 바쳐 이 '삼균주의'를 연구했고, 이 사상은 대한민국 임시정부뿐만 아니라 좌우 독립운동 진영의 이념적 기틀이 되었다. 대한민국 임시정부의 「대한민국 건국 강령」에도 삼균주의가 반영되었다. 「대한민국 건국 강령」은 국권 회복 과정과 그 이후의 건국 과정에서 임시정부가 어떤 정책을 추진해야 할 것인지 등과 관련하여 임시정부의 헌법 구상을 종합화한 것이다. 1948년 제헌헌법의 기본 바탕이 되기도 했다.

20세기 전반 민족의 수난기에 사상가 조소앙이 아니었다면 우리 독립운동사는 매우 건조했을 것이다. 세계 피식민지 해방운동사에서, 우리 임시정부처럼 일관되게 이념과 정책을 제시하며 광복 운동을 이어간 사례는 드물다. 그 이념의 틀을 만들고 정리한 인물이 바로 조소앙이었다. 조소앙은 해방 뒤에도 삼균주의를 바탕으로 좌우합작과 남북협상에 참여했으나 한국전쟁 때 납북되면서 모든 것은 물거품이 되었다.

1946년 12월, 이 삼균주의를 따르는 청년 단체가 만들어진다. '삼균주의 청년동맹'이다. 삼균주의를 바탕으로 민족의 힘을 회복하고 민족자결의 독립국가, 민주정부, 균등사회를 실현하자는 것이 삼균주의 청년동맹의 방향이었다.

이들은 '무엇을 바꿀 것인가, 어떻게 행동할 것인가' 등에 대한 명료한 지침이 담긴 「삼균주의 청년동맹 결성취지서」를 발표했다. 이는 단순히 청년단체의 창립문서가 아니라 조국의 운명을 걱정한 한 사상가의 외침이며, 불평등과 분단의 시대를 살아가는 이들에게 던지는 묵직한 물음이다.

삼균주의 청년동맹 결성취지서

혁명청년들아!

민족정신을 고조하는 청년들아!

사회개혁을 절규하는 청년들아!

이렇게 밀어나가면 민족적 위기만을 연장하여 가련한 현상을 부식할 뿐이니 우리끼리로서 '청년자결'의 노선을 밟아 민족의 위기를 바로잡아 나아가자.

우리 청년들은 가장 국제적 이해를 받고 있다. 정치적 기아와 지식적 빈곤이 우리로 하여금 경제적 고통보다 교대較大한 압력으로 누르고 있다. 압력에 눌린 우리들은 목전의 악열한 환경에 대하여 싸우자. 강렬한 용기로써 극복하자.

백전불패의 승리를 가져오기 위하여는 정예한 무장군의 결성이 무엇보다 선결문제임을 중첩설명할 여지도 없다. 이런 청년의 무장군은 일

정한 규율과 신념과 실천에 일치한 훈련을 받아야 한다. 훈련의 중심적 지도원리로서 신청년의 동력을 보급하여 조달하자, 일정한 원리는 "골고루 알고, 골고루 벌고, 골고루 일하자"는 것이다.

지력의 발전으로써 우愚의 세계를 전복하자. 부력의 증진으로써 빈貧의 사회를 타도하자. 균력의 확립으로써 약弱의 민족을 해방하자.

독립국가는 이런 원리의 집행에서만 성공될 것이며, 민주정부는 이런 원칙의 실천에서만 출현될 것이며, 균등사회는 이런 신념의 완성으로만 창조될 것이다.

청년들아! 이것이 삼균주의의 뿌리이며 안광眼光이다. 균지와 균권과 균부의 요구는 인간의 본원이며, 역사적 명령이며, 세계적 최대 요구인 것이다.

우리 청년들아! 공리公理는 간이한 것이며 원칙은 평탄한 것임을 알자. 모든 주의의 정화가 이에서 결정적 광채가 나타날 것이며, 모든 정론의 정맥이 이에서 활약될 것이며, 모든 학자와 철인의 진단과 처방이 이에서 최후 단안의 일치를 보일 것이다.

우리 청년들은 이 삼균주의의 원리를 고집하고 신봉하여서 최고도의 실행력을 가다듬어서 복국·건국의 단계적 임무를 비롯하여 치국평천하의 최후 발전에까지 돌진하자.

이에 삼균주의 당인 한국독립당의 지도 아래 삼균주의 청년동맹을 결성하여 중앙·지방 및 지구에 대회와 위원회의 기관을 두고 학교·공장·광산·농촌·교회·도시·직장 및 특수한 기관 혹은 집단에 세포를

조직하여 15세부터 30세까지의 청년 남녀의 우·약·빈을 혁명하며 지·
권·부의 균유均有를 목표로 교육·정치·경제를 균등히 건설하며 인여
인·족여족·국여국의 균영均榮을 도모함에 희생적으로 분투할 수 있는
한국 청년의 총동원, 정신적 무장체제를 확립하려 한다.

청년들아! 삼균주의를 신봉하자! 삼균주의를 신봉하는 청년들아!
동맹하자! 삼균주의 청년동맹 결성 만세!*

---

* 　삼균학회, 『소앙선생문집(하)』, 횃불사, 1979, 327~328쪽.

지력의 발전으로써 우愚의 세계를 전복하자.
부력의 증진으로써 빈貧의 사회를 타도하자.
균력의 확립으로써 약弱의 민족을 해방하자.
독립국가는 이런 원리의 집행에서만 성공될 것이며,
민주정부는 이런 원칙의 실천에서만 출현될 것이며,
균등사회는 이런 신념의 완성으로만 창조될 것이다.

기사보다 날카롭게

해방 직후 우리나라의 언론계는 과거와 단절되지 못한 채 혼란에 빠져 있었다. 일제 강점기 조선총독부에 협력했던 많은 인사들이 언론계에 남아 있었고, 독립운동 세력이나 민족주의 성향의 언론은 기반이 취약했다. 바로 이러한 때, 정론을 지향하며 출범한 신문이 《경향신문》이었다.

《경향신문》은 1946년 10월 6일에 창간되었다. 창간 이후 《경향신문》은 줄곧 반독재 노선을 분명히 했다. 이승만 정권의 독재와 장기 집권 기도를 강경하게 비판하고 국가 운영의 오류를 지적하며 정론을 펼쳤다.

《경향신문》은 정부의 눈엣가시 같은 존재가 되었다. 정부는 급기야 《경향신문》에 발행 허가 취소라는 강경책을 쓰게 된다. 1959년 2월 5일자 고정 칼럼 '여적'이 다수결의 폭정을 경고하며 선거를 넘어선 집단행동의 가능성, 즉 '혁명'을 언급했기 때문이다.

문제가 된 칼럼 '여적餘滴'은 《경향신문》의 초대 논설주간이었던 시인 정지용이 지은 이름이다. 여적은 '붓끝에 남아 있는 먹물'이라는 뜻이다. 곧, 글을 쓰거나 그림을 다 그리고 난 뒤에 붓펜에 먹물이 좀 남았으니 못다 한 이야기나 남은 이야기를 적는다는 뜻을 담고 있다.

'여적'은 때로는 사설보다 날카롭게, 기사보다 정면으로 시대의 부조리를 짚어 사람들의 주목을 받았다. 권력과 언론의 관계, 언론의 책무와 정론의 자세, 시대에 말을 걸어야 하는 기록의 무게를 되새기게 해 주었다. '여적'은 작은 먹물의 자국이 아니라 언론의 철학과 신념을 응축한 문장이었다.

첫 칼럼에서 '여적'은 단순히 신문 지면의 부록이 아니라 눈물처럼 짜내는 정직한 발언이라 정의했다. 산모의 젖방울, 단식자의 눈물, 거리낌 없는 직언의 침방울 등으로 다양하게 비유했으나, 핵심은 하나였다. 대중의 사상과 감각을 충족시키는 최소한의 정신적 양식을 '여적'을 통해 전달하겠다는 말이었다. 문장 하나로 시대를 뒤흔든 '여적'의 첫 칼럼은 어떤 글일까?

《경향신문》 창간호 칼럼 '여적'

여적餘滴이 뛰어난 장인의 화룡점정畵龍點睛이라면 이만한 생색이 다시 없겠지만, 잔 받침에 흘러내린 술방울이라면 부질없는 일이요,

▽하다못해 펑펑 흘린 수만 섬의 눈물이 거쳐 간 뒤에, 뼈에 맺힌 설움에 절어 나온 짜내는 눈물방울이라면 쓸모도 있겠고, ▽생각대로 곧바로 행동하며 강직하게 거리끼지 않고 직언을 하여 입가에 침을 튀겨가며 곧은 말을 하는 침방울 같을진대, 이 또한 때로는 청량제淸凉劑도 될 것이다.

▽산모産母의 유두乳頭에서 떨어지는 뽀얗고 기름지고 부드러운 젖방울은 또 어떨까. ▽젖방울이라니 정신精神의 젖방울, 마음의 유방乳房도 그 아니 좋으냐. ▽파업罷業의 성과成果로 쌀 두 홉合이 주린 배를 요기療飢해 줄지 안 해 줄지 아직도 현안懸案은 현안懸案대로 남아 있고, 두 홉合 세 홉合이 하필 파업단罷業團에 한정된 최저 절대량最低絶對量이랴마는,

▽대중大衆의 정신적 칼로리, 마음의 양식도 두 홉 세 홉이 갈망되는 최저 절대량이 아닐까! ▽출판노동계의 파업으로 곡식의 반입이 완전히 끊어진 것에 못지않은 문화 활동의 고민하는 모습을 연출하였거니와, ▽경향신문은 동업 각 신문이 어제 오늘 이틀간 복구하여 발간하는 이 사품에 휩쓸려 나가는 것은 결코 아니다.

▽앞설 것도 없고 뒤질 것도 없이 예정한 그대로, 또 여러분이 소원하시는 그대로 마음의 양식을 될 수 있는 대로 듬뿍 싣고 이른 아침 여러분의 댁을 두드리리라. ▽그것이 두 홉이 되고 세 홉이 될지, 두 말이 되거나 세 말이 되고 못 되는 것은 여러분이 맛보실 탓이거니와, 힘껏 싣고 가는 이 마음 이 정성만은 알아주시려니 할 뿐이다.*

<hr>

*   경향신문사, 『여적: 한국 현대사를 관통하는 경향신문 명칼럼 243선』, 경향신문, 2012, 49쪽.

삼팔선을 베고 쓰러질지언정

1948년 초, 미소공동위원회가 결렬되고, 유엔은 남북한 총선거를 통한 단일 정부 수립을 추진했으나 소련과 북한의 거부로 무산되었다. 유엔은 결국 남한만의 단독 선거를 결정했다. 이승만과 한민당은 단독 정부 수립 노선을 적극 지지하며 남한 단독 정부를 수립하기 위한 준비에 힘을 기울였다.

해방 이후 줄곧 통일 정부 수립을 주장한 김구는 단독 정부 수립을 강하게 반대했다. 외세의 영향력 아래에 단독 정부가 수립되면, 민족 분열과 전쟁의 위험이 커질 것이라 경고했다. 1948년 1월, 김구는 이런 내용이 담긴 6개 항의 의견서를 유엔 한국임시위원단에 제출하고, 미소 양군의 철수와 남북 지도자 회담을 통한 총선거를 실시하자고 제안했다.

그는 '한국 문제는 한국 사람이 해결해야 한다'라며 소련군뿐 아니라 미군도 철수해야 한다고 주장했는데, 이는 단독 정부 수립을 주장하는 세력들에게 공격의 빌미가 되었다. 친일 경력의 인사들까지 나서서 '크레믈린의 신자' 크렘린을 당시에는 크레믈린이라 부름 , '소련 오늘날 러시아 의 적화 공산주의에 물듦 노선을 지지하는 자'라는 등 온갖 욕설과 비난을 퍼부었다.

김구는 이에 개의치 않으면서 이승만, 김규식과 3자 회담을 열었으나 통일을 위한 정치적 연대는 좌절되었다. 대세는 단독 정부 수립으로 기울었고, 김구는 점점 고립된 채 외로운 싸움을 이어갔다. 그래도 조국 분단의 가능성과 무력 충돌의 위기를 안고 있는 단독 정부 수립만은 한사코 막으려 애썼다.

이러한 상황에서 김구는 1948년 2월 10일에 「삼천만 동포에게 읍고함」이라는 성명을 발표했다. 그가 혼을 담아 쓴 이 성명은 통일과 자주, 민족의 단결을 향한 역사적 경고이자, 해방 이후 가장 절박한 순간에 민족의 운명을 바꾸기 위해 던진 마지막 메시지였다. "삼팔선을 베고 쓰러질지언정 단독 정부를 세우는 데는 협력하지 아니하겠다"라는 유명한 말도 여기에서 나왔다.

김구의 성명은 큰 반향을 불러일으켰으나 대세를 바꾸지는 못했다. 이듬해 그는 암살당했고, 그가 우려한 대로 한반도는 남북으로 분열되었다.

삼천만 동포에 읍고함

우리가 기다리던 해방은 우리 국토를 양분하였으며 앞으로는 그것을 영원히 양국의 영토로 만들 위험성을 내포하고 있다. 이로써 한국의 해방이란 사전 상에 새 해석을 올리지 아니하면 아니 되게 되었다. (…)

미군 주둔 연장을 자기네의 생명 연장으로 인식하는 무지몰각한 도배들은 국가민족의 이익을 염두에 두지도 아니하고 '박테리아'가 태양을 싫어함이나 다름이 없이 통일 정부 수립을 두려워하는 것이다. 그리하여 그들은 음으로 양으로 유언비어를 조출하여서 단선단정의 노선으로 민중을 선동하여 유엔 위원단을 미혹하게 하기에 전심력을 경주하고 있다.

통일하면 살고 분열하면 죽는 것은 고금의 철칙이니 자기의 생명을 연장하기 위하여 조국의 분열을 연장시키는 것은 전 민족을 사갱에 넣는 극악극흉의 위험한 일이다. 이와 같은 위기에 있어서 우리는 우리의 최고 유일의 이념을 재검토하여 국내외에 인식시킬 필요가 있는 것이다.

지금에 있어서도 전쟁이 폭발되기만 기다리고 있는 자는 '파시스트' 강도 일본뿐일 것이다. 그것은 그놈들이 전쟁만 나면 다시 살아날 수 있다고 믿는 까닭이다. (…) 나의 연령이 이제 칠십유삼七十有三인바 나에게 남은 것은 금일금일하는 여생이 있을 뿐이다. 이제 새삼스럽게 재화를 탐내며 명예를 탐낼 것이랴! 더구나 외국 군정하에 있는 정권을 탐낼 것이랴! 내가 대한민국 임시정부를 주지하는 것도 한독당을 주지하는 것도 일체가 다 조국의 독립과 민족의 해방을 위하는 것뿐이다.

그러므로 내가 국가민족의 이익을 위하여는 일신이나 일당의 이익에 구애되지 아니할 것이요. 오직 전 민족의 단결을 달성하기 위하여는 삼천만 동포와 공동 분투할 것이다. (…)

현시에 있어서 나의 유일한 염원은 삼천만 동포와 손목 잡고 통일된 조국, 독립된 조국의 건설을 위하여 공동 분투하는 것뿐이다. 이 육신을 조국이 수요한다면 당장에라도 제단에 바치겠다. 나는 통일된 조국을 건설하려다가 삼팔선을 베고 쓰러질지언정 일신에 구차한 안일을 취하여 단독 정부를 세우는 데는 협력하지 아니하겠다. 나는 내 생전에 38 이북에 가고 싶다. 그쪽 동포들도 제 집을 찾아가는 것을 보고서 죽고 싶다. 궂은 날을 당할 때마다 삼팔선을 싸고도는 원귀寃鬼의 곡성이 내 귀에 들리는 것도 같았다. 고요한 밤에 홀로 앉으면 남북에서 헐벗고 굶주리는 동포들의 원망스러운 용모가 내 앞에 나타나는 것도 같았다.*

*　김삼웅, 『백범 김구 평전』, 시대의 창, 2004, 521~523쪽.

친일파 청산 방해 말라

1949년 초, 대한민국은 역사의 갈림길에 서 있었다. 친일 청산의 길을 갈 것인가, 아니면 과거를 외면한 채 앞으로 나아갈 것인가.

제헌국회가 국민적 염원에 따라 헌법 제101조에 반민족행위자 처벌 조항을 명시한 때는 1948년이었다. 그 해 말 「반민족행위처벌법반민법」이 제정되었고, 이에 따라 국회 산하의 반민족행위특별조사위원회반민특위가 출범했다.

반민특위 위원장은 독립운동가 김상덕이었다. 그는 도쿄 2·8 독립선언으로 옥고를 치르고, 이후 임시정부와 제헌국회에서 활동하며 온 생애를 민족해방에 바친 인물이었다.

이승만 대통령은 국민의 염원을 외면한 채 처음부터 반민특위를 적대시하고 탄압했다. 그의 정권 핵심부에는 조선총독부 고위 관리와 헌병, 고등경찰 출신 인사들이 포진해 있었다. 반민법 제5조에는 "일본 치하에서 고등관 3등급 이상, 5훈등 이상을 받은 관공리 또는 헌병·헌병보·고등경찰의 직에 있던 자"들을 공직에 임용할 수 없다고 밝히고 있었다. 반민특위는 반민법 조항을 근거로 대통령에게 해당 인사들을 공직에서 추방할 것을 요구했다. 이 요구에 이승만은 오히려 "반민법 제5조 해당자를 비밀조사하여 선처하라"라는 지시를 내리는 등 노골적으로 반민특위를 무력화하려 했다.

이승만 정부는 반민법을 무시하면서 친일파들을 보호하려 들고, 반민특위는 이를 용납하지 않으려 했다. 반민특위와 정부 사이에 일촉즉발의 '전운'이 감돌았다.

1949년 2월 15일, 대통령은 국회에 반민법 개정을 요구하는 특별 담화를 발표했다. 반민특위의 활동에 노골적으로 제동을 걸었다. 그 내용은 위헌적이었으며, 헌법 정신과 국회 입법권을 침해하는 발언이었다.

이에 대해 김상덕 위원장은 곧 원칙에 입각한 강도 높은 반박 성명을 발표했다. 친일을 청산할 수 있었던 마지막 기회를 놓치지 않으려는, 권력 앞에서도 굽히지 않은 독립운동가의 외침이었다. 그는 국회가 제정한 법률을 대통령이 무시할 수 없으며, 법에 따라 구성된 조사 기구를 권력으로 해산해서는 안 된다고 단호히 맞섰다.

김상덕 위원장의 반박 성명

대통령 담화의 모순을 헌법과 반민법의 조문을 인용하여 반복코자한다. 현재 반민법 운영은 삼권분립의 헌장과 모순된다고 하였다. 반문하오니 과거나 현재를 막론하고 반민족행위자 처벌법이란 특별법 이외에 반민자를 처단하는 다른 법률이 우리나라에 또 있는가. 다른 법이 있다면 명시하기 바란다. 입법부인 국회는 반민법이란 특별법을 제정하고 따라서 이 반민법에 의거하여 특조위, 특재, 특검, 특별조사기관 조직 및 특채부속기관 조직법 등이 제정된 것이다. 이러함에도 불구하고 대통령 자신이 궤변으로써 헌법을 무시하고 삼권을 독점하려는 의도에서 민심을 혼란케 하고 반민법 운영을 고의로 방해하는 담화문을 발표하니 이 어찌 통분치 아니하랴.

다음에 치안에 중대한 영향을 준다 하였으니 대통령은 항상 반민법 운영과 치안을 관련시켜 치안의 책임을 특위에 전가시키려는 듯하다.

국민은 속지 않는다. 반민법이 공포된 후에는 윤치영 전 내무장관이 재직 시 악질 경관을 요직에 등용하였음은 대통령이 지시하였던가.

다음은 고문 운운인데 대통령은 자비심이 많아서 이 같은 발표로 덕망을 얻고자 하는가. 국민을 독선적으로 해석하고 만사를 추상적으로 해석하여 대통령의 담화나 명령이면 통한다고 자인한다면 이 이상 더 큰 망발과 위험은 없는 것이다.

대통령은 특위에서 체포한 것을 위법같이 말하였으나 특위는 반민법 제16조에 조사관은 체포와 취조를 할 권한이 부여되어 있다는 것을 알아야 한다. 특위는 법에 정한 대로 반민법을 운영할 뿐이고 대통령이 말하는 월권행위는 없다는 것을 단언한다.

난타, 고문 운운은 사실무근이고 동시에 대통령 담화로써 처음 듣는 말이다. 소위 세칭 살인 고문사건 피의 장본인 노덕술은 검찰 당국이 체포하도록 발언하고 요로 당국자의 집을 출입하여도 반대로 보호하지 않았던가. 특위에서 체포한즉 요로 당국자는 노의 석방을 간청하지 않았는가. 이러함에도 불구하고 난타, 고문 운운을 언급할 수 있는가.

일반 국민은 정부에서 친일 반민자를 처단치 않고 옹호하는 것을 민족정기와 분노로써 감시하고 있다는 것을 명심하라.*

---

*　오익환, 「반민특위의 활동과 와해」, 송건호 외, 『해방전후사의 인식(1)』, 한길사, 1981, 114쪽.

10

감히 친일파를 극찬하다니

1950년대 후반, 이승만 정권은 헌법을 권력 유지의 도구로 삼고 폭압 정치를 더욱 강화했다. 발췌 개헌과 사사오입 개헌으로 민주 절차를 무력화해 장기 집권의 길을 열고, 정부 요직에는 친일파들을 앉혀 헌정 유린의 앞잡이로 삼았다. 경찰은 정권의 사병이자 방패막이처럼 행동했으며, 정부에 반대하는 세력은 암살되거나 칩거를 강요당했다. 언론은 통제되었고, 지식인 사회는 침묵으로 일관했다.

진실과 정의가 사라지고 억눌리는 상황에서 정부가 공식적으로 민족 반역자를 미화하는 일까지 벌어졌다. 1957년, 대표적 친일파인 최남선이 사망하자 이승만 대통령이 직접 조사를 지어 그를 극찬하고 나섰다. 일일이 다 늘어놓을 수도 없을 만큼 친일 행위가 차고 넘치는 친일파를 대통령이 공적으로 미화한 행위는 역사 왜곡을 넘어선 민족적 수치였다.

이때 침묵을 거부하고 펜을 든 인물이 있었다. 올곧은 선비의 대명사 심산 김창숙이다. 그는 유학자이자 독립운동가였고, 해방 후 단정 반대와 친일 청산에 앞장섰으며, 정치적 탄압으로 성균관대학 총장에서 쫓겨나는 수모를 겪은 인물이다. 그는 늘 말보다 실천을, 침묵보다 직언을, 권좌보다 진실을 선택했고, 마지막에는 집 한 칸 없이 떠돌다 여관에서 숨을 거두었다. 불꽃처럼 타오르다가 가랑잎처럼 조용히 스러진 그는 '한국의 마지막 선비'라 불린다.

친일파의 대명사인 최남선을 찬양한 대통령의 모습에 김창숙은 분노를 감추지 못했다. 「경무대에 보낸다」라는 격문을 써서 경무대오늘날 청와대에도 보내고 《대구매일신문》에도 발표했다. 그는 이승만의 역사 인식을 정면으로 비판하고, 반역자를 칭송함으로써 국가의 명예를 훼손했다고 소리를 높였다.

그는 단순히 분노나 지식인의 견해를 드러내려 하지 않고 시대를 향해 냉철히 고발하고 역사와 명예를 지키려 했다. 진실을 가리는 권력 앞에서 침묵하지 않고 직언하는 용기를 보여 주었다.

경무대에 보낸다

아아, 우남雩南 늙은 박사여

그대 원수元首로 앉아 / 무엇을 하려는가

고금 성현聖賢의 일 / 그대는 보았으니

응당 분별하리 / 충역忠逆 선악 갈림길을.

진실로 올바른 세상 / 만들려거든

우선 역적逆賊들 / 주살誅殺하라

생각하면 일찍이 / 삼일 독립 선언 때

남선南善 이름 떠들썩 / 많은 사람 기렸지.

이윽고 반역아反逆兒 / 큰 소리로 외쳐

일선융화日鮮融和 옳다고

슬프다. 그의 대역大逆 / 하늘까지 닿은 죄

천하와 나라 사람 / 다 함께 아는 바라.

그대 원수元首의 대권大權으로 / 차노此奴를 비호터니

노제路祭에 임해선 / 애사哀詞를 보냈도다

충역 선악의 분별에 / 그대는 어그러져.

나라 배신, 백성 기만 / 어찌 다 말하랴

이 나라 만세의 부끄러움

박사 위해 곡哭 하노라.*

*   심산사상연구회, 『김창숙 문존』, 성균관대학교 출판부, 2001, 78~79쪽.

일선융화 옳다고

11

맞춤법을 힘으로
강요 말라

우리나라는 1933년에 조선어학회가 만든 '한글맞춤법통일안'을 사용한다. 이는 지금 우리가 사용하는 맞춤법의 바탕이 되었다. '표준어를 소리 나는 대로 적되 어법에 맞도록 함'을 원칙으로 한다는 것이 주된 원칙이다. 해방 뒤에도 이 맞춤법을 사용했다.

그런데 1949년에 이승만 대통령이 한글 맞춤법을 '한글맞춤법통일안' 이전에 쓰던 방식, 즉 '소리 나는 대로 쓰는 식'으로 바꿔야 한다고 말하면서 이른바 '한글 간소화 파동' 또는 '한글 파동'이 벌어졌다. 이 대통령의 주장은 '현행 철자법이 복잡하니, 과거의 소리 표기 중심 철자법으로 돌아가자'라는 것이었다.

이 주장은 사그라지는 듯했으나 한국전쟁이 끝나기 전인 1953년 4월에 한글 맞춤법을 소리 나는 대로 쓰자는 정부안이 공포되었다. 한글학회 등 여러 단체가 이 맞춤법 개정 시도에 반발하는 등 비판이 커지자,

정부는 '국어심의위원회'를 구성했다. 백낙준을 위원장으로, 최현배 등 전문가 50명을 위원으로 임명했다.

이들이 회의를 거듭해 내린 결론은 명확했다. 기존의 맞춤법이 과학적 기준에 가장 어울리기에 한글 간소화 개정에 반대한다는 것이었다. 위원회가 반대 결론을 내렸으나 이승만 정부는 이를 무시한 채, 1954년 7월에 '한글 간소화안'을 다시 발표했다.

이에 학계와 시민단체의 반발은 더욱 거세졌고, 사회는 의견이 찬반으로 갈려 1년 반 동안 혼란을 겪어야 했다. 마침내 1955년 8월, 이승만 대통령이 민중이 원하는 대로 하겠다며 개정안을 철회하면서 사태는 마무리되었다. 이 소동을 '한글 간소화 파동'이라 부른다.

이 파동이 벌어질 때 문교부 편수국장이었던 국어학자 최현배가 입장을 밝혔다. 그는 일제 강점기에 조선어 말살에 맞서 '한글맞춤법통일안'을 만드는 데 참여하고, 해방 이후에는 교육과 문화 정책에 폭넓게 관여하는 등 평생을 우리말과 우리글을 지키는 데 바친 국어학자였다. '한글이 목숨'이라며 한글을 목숨처럼 아끼는 사람이었다. 그는 공직에서 물러난 뒤 1954년 4월에 한글학회 명의의 성명서를 발표했다^{자신의 책에 이}

^{성명서를 수록한 점으로 보아 최현배가 기초한 것으로 보인다.}

이 대통령 한글 간이화 재촉 담화에 대한 성명서

지난해 국무총리 훈령 8호로, 현행 맞춤법을 버리고, 구식 맞춤법에 돌아가라 함에 대하여, 본회로서도 한 나라 정령이 공공연하게 문화의 퇴보를 강요하고 있는 부당성을 지적하고 이를 시정하기를 시급히 촉구한 바 있었다.

그 후 정부로서도 생각하는 바 있었던지, 국어심의회를 구성하여, 학자와 교육자 그리고 문필가를 모아, 이 문제를 신중히 연구 심의하게 하였으니, 우리 학회로서도 깊이 기대하는 바 있었다.

그것은 첫째 문자의 제정이 일국의 문화를 좌우하는 중대사이매, 한낱 정령만으로 결정될 것이 아니라, 널리 그리고 신중히 토의와 심의를 거쳐서 이루어져야 되겠고, 또 요즈음 한글 맞춤법에 대해서 간혹 불편하다는 비난도 항간에 있다고 하니, 여기서 적당한 비판과 결론이 내려지기를 기대했던 것이다.

그러나, 수삭을 두고 심의한 결과는, 대체로 현행 맞춤법밖에 그 이상으로 더 간단하고 합리적인 다른 안이 없다는 것이 그 결론이었으니, 이 문제가 일단 안정된 것을 기꺼이 여김과 동시에, 본 학회의 책임이 더욱 무거워짐을 깨닫게 되었다.

그러나, 지난 3월 27일 대통령 담화는, 3개월 이내로 현행 맞춤법을 버리고 옛 성경 맞춤법에 돌아가라는 지시를 내려, 또다시 사회의 불안과 반대의 소리가 높아 가고 있어, 본 학회로서도 거듭 그 시정을 요구하지 않을 수 없게 된 것을 크게 유감으로 생각하는 바이다.

첫째, 문자의 간이화를 주장하는 행정부 주장에 우리도 전적으로 찬동하고 경의를 표하는 바이다. 문자는 그 민족 문화의 터전으로, 이것이 쉽고 완전할 때, 그 민족 문화는 향상하고 발전한다는 것은 고금을 통해 변함없는 사실이다. 우리 학회가 지금까지 지향해 온 바는 다름 아니라 오직 그 길이었다.

그러나, 문자의 간이화가 다만 받침을 몇 개 없애고 획수를 적게 하고 또는 통일된 약속의 구속됨이 없이 임의로 쓰는 데서 이루어지는 것은 아니다.

무릇 글자는 사람의 생각을 전하는 수단으로, 뜻을 가장 정확하고도 빠르게 전달하는 데 문자의 생명이 있는 것이니, 세계 문명 국가의 문자가 다 이러한 문자의 생명을 실현하기에 전일한 목표를 두고 있다.

이제, 우리 한글 맞춤법도 동일한 목적으로서 종래의 무통일한 혼란의 상태를 벗어나 과학적으로 간이하고도 합리한 체계를 세운 것으로, 금번의 심의회에서 검토·재확인되었다.

둘째, 백성의 여론을 존중하고 인간의 자유를 사랑함이 민주와 자유의 정신이라 하거든, 국가에서 지시한 학계의 지도자들로 구성된 국어심의회 한글분과위원회의 결의를 무시하고, 학문의 자유와 진리의 권위를 몰각하고, 소학에서 대학에 이르기까지의 과학적 교육 정신의 파괴를 불고하고, 사회 여론의 반대를 누르고서, 일제 36년의 치하에서 민족 사상, 과학 정신에 입각한 전 민족의 피어린 투쟁의 결과로 이루어진 문화 공탑을 일조에 허물어 버리고, 지리멸렬한 비현대적 문자 생활로의 환원 전략을 강요한다는 것은, 자유애호 국가에서는 볼 수 없는 일이요, 민주 정신에 위반되는 일이다.

이에, 우리는 문화를 사랑하고 나라를 사랑하는 충정에서, 그대로 참을 수 없어, 감히 학문의 자유를 위하여, 민족 문화의 자유 발전을 위하여, 민주주의 대한민국의 민주적 발전을 위하여, 이십 세기 과학 정신의 순탄한 발달을 위하여 자유 세계의 자유 정신의 정당한 실현을 위하여, 단순한 권력에 의한 문자 변혁의 천만 부당함을 성명한다.

단기 4287년 4월 19일 한글학회*

---

* 　최현배, 『한글의 투쟁』, 정음사, 1958, 296~298쪽.

“
말과 글은 우리의 얼이다.
”

외솔 최현배

12

못난 조상이 되지 않기 위하여

해방 이후에도 우리나라는 일제 식민 통치의 잔재와 독재 권력의 탄압으로 자유를 억압당하는 상황에서 크게 벗어나지 못했다. 이승만은 장기 집권과 반공주의로, 박정희는 군사 쿠데타와 유신 체제로 민주주의의 숨통을 조였다. 그에 맞서 항일운동의 맨 앞에 섰던 사람들이 양심과 사상으로 저항의 깃발을 들었다.

이 시기에 가장 치열하게 싸운 인물 가운데 한 사람이 장준하였다. 일제 강점기에 광복군으로서 총을 들고 왜적과 싸웠던 그는 해방이 되자 김구와 함께 통일 정부를 수립하기 위해 온몸을 바쳤다. 이승만 정권 시절에는 민주주의 교육과 민권투쟁에 나서고, 박정희 군부독재 시절에는 민주 회복과 민족 통일 운동에 앞장섰다.

중국에서 독립운동을 하면서 식민지 청년 장준하는 "못난 조상이 되지 않기 위해서"라는 신조를 마음 깊이 새겼다. 조국이 해방되자 이런 정신을 실천하고자 1953년 4월에 월간 《사상계》를 창간했다. 이를 무기 삼아 거대한 독재권력에 맞섰다.

《사상계》는 1950년대부터 1970년대까지 깨어 있는 지식인들의 보루였고, 민주주의라는 가녀린 묘목을 길러 내는 터전이었다.

《사상계》가 창간되고 폐간될 때까지 맨 앞에 실렸던 글은 바로「사상계 헌장」이다. 우리 민족의 장래와 희망을 젊은 세대에게 기대한다는 내용을 담은 '헌장'이었고, 젊은 독자들에게 들려주고자 하는 글이었다.

이 헌장에는 과거의 굴종과 침묵을 돌아보고, 후대를 위한 사명감을 다지고, 무기력과 비겁함이 후손에게 짐이 되어서는 안 된다는 마음이 담겨 있다. 단순한 규범이 아니라 각성을 촉구하는 호소이자 현실을 꿰뚫는 통찰이었다.

민주주의가 흔들릴 때 역사를 바로 세우고자 했던 선배 지식인의 목소리를 다시 들어 보자. 이 시대는 과연 떳떳한가?

장준하는 1975년 8월, 포천의 계곡에서 의문사로 삶을 마감했다. 그러나 '역사를 바로 세우고, 역사의 주인으로 살아가는 법'을 묻는 그의 목소리는 지금도 여전히 살아 있다. 그런 점에서「사상계 헌장」은 오늘의 우리에게도 여전히 길잡이가 된다.

2025년 봄에 《사상계》가 계간으로 복간되었다.

사상계 헌장

　　자유와 평등을 근본이념으로 하는 근대적 과정을 거치지 못하고 봉건사회에서 직접 제국주의 식민사회로 이행한 우리 역사는 세계사의 조류와 격리된 채 36년간 암흑 속에서 제자리걸음을 하였다. 그것은 자기 말살의 역사요, 자기 모독의 역사요, 노예적 굴종의 역사였다.

　　다행히 제2차 대전의 결과로 이 참담한 이민족의 겸제箝制에서 해방은 되었으나 자기광정自己匡正의 여유를 가질 겨를도 없이 태동하는 현대의 진통을 자신의 피로써 감당하게 된 것은 진실로 슬픈 운명이 아닐 수 없다.

　　그러나 모든 자유의 적을 쳐부수고 진정한 민주주의의 사회를 이룩하기 위하여 또다시 역사를 말살하고 조상을 모독하는 어리석은 후예가 되지 않기 위하여, 자기의 무능과 태만과 비겁으로 말미암아 자손

만대에 누累를 끼치는 못난 조상이 되지 않기 위하여, 우리는 이 역사적 사명을 깊이 통찰하고 지성일관至誠一貫 그 완수에 용약매진해야 할 것이다.

이 민족사생관두民族死生關頭에서 우리는 과연 유신 창업의 기백과 실천이 있었던가? 사私를 위하여 공公을 희생한 일은 없었던가? 정치인은 과연 구국대업에 헌신하고 발분망식하였던가? 민民은 과연 대大를 위하여 소小를 버릴 용의가 있었던가? 우리는 서슴지 않고 "그렇다"고 대답할 수 없음을 지극히 유감이라 아니할 수 없다.

이 지중至重한 시기에 처하여 현재를 해결하고 미래를 개척할 민족의 동량棟樑은 탁고기명託孤寄命의 청년이요, 학생이요, 새로운 세대임을 확신하는 까닭에 본지는 순정무구한 이 대열의 등불이 되고 지표가 됨을 지상의 과업으로 삼은 동시에 종縱으로 5천 년의 역사를 밝혀 우리의 전통을 바로잡고 횡橫으로 만방의 지적소산知的所産을 매개하는 공기公器로서 자유·평등·번영의 민주사회건설에 미력을 바치고자 하는 바이다.*

*　《사상계》, 1955년 8월호.

13

부통령직을 사퇴한다

1950년 여름에 벌어진 전쟁은 남한 민중의 삶과 터전을 짓밟았다. 특히 전국 곳곳에서 수많은 민간인이 군경과 우익단체에 의해 무참히 희생되었다.

반공단체인 국민보도연맹이 전국에서 '빨갱이 색출'이라는 이름으로 수많은 민간인을 학살한 '국민보도연맹 학살 사건'과 국군이 거창 지역의 민간인을 무차별 죽인 '거창 민간인 학살 사건'은 용납될 수 없는 야만스러운 사건들이었다.

이승만 대통령은 이런 민간인 학살 사건이나 동족상잔의 비극, 자신에 대한 견제 등을 그저 은폐하고 조작하는 데 급급했다. 우리나라 초대 부통령인 이시영은 이를 지켜보면서 괴로워했고 외면할 수 없었다.

이시영은 어느 자리에 있든 변함이 없었다. 대한제국 시절엔 외교부 교섭국장으로 을사늑약을 저지하려 했고, 국권을 빼앗기자 관직을 던지고 만주로 떠났다. 형제들과 전 재산을 처분해 가족 모두 망명길에 올랐고, 이후 독립운동에 모든 것을 바쳤다. 같이 떠난 형제들은 모두 감옥에서 숨을 거두거나 굶어 죽었다. 살아 광복을 맞은 이는 이시영뿐이었다.

기나긴 망명 기간에 그는 풍찬노숙을 견디며 임시정부의 법통을 지켰고, 해방 이후에는 그 정통을 이어받아 새 나라의 기틀을 다졌다. 그러나 새 나라에서 이승만 대통령이 독선에 빠지고 국민 위에 군림하고, 민심을 외면하자 말없이 부통령 자리를 내려놓았다. 1951년 5월 1일, 「국민에게 고함」이라는 서한을 신익희 국회의장에게 보내고, 피난 국회에도 부통령 사임서를 제출했다.

이시영의 사임은 개인적 결심이라기보다 정의를 향한 마지막 선택이었다. 그는 권력보다 헌법을, 관직보다 역사적 책임을 선택했다.

이시영은 부통령으로 지내는 동안 역할을 제약받았다. '대통령을 보좌하는 자리'라는 명분은 실권 없는 형식에 지나지 않았다. 국정 쇄신은 기약 없는 일이었고, 국민에게 봉사하겠다는 다짐은 실천하지 못했다. 「국민에게 고함」은 이런 자신의 무력감을 자책하는 마음과 그래도 남은 생을 조국의 통일과 독립에 이바지한다는 다짐을 담은 하나의 고백이었다.

국민에게 고함

단기 4282년1948 7월 20일 뜻밖에도 나를 초대 부통령으로 선임했을 때에 나는 그 적임이 아님을 모르는 바 아니었으나, 이것이 국민의 총의인 이상 내가 사퇴한다는 것은 도리어 국민의 기대를 저버리는 것이라는 생각으로 심사원려沈思遠慮 끝에 받지 아니치 못하였다는 것을 여기에 고백한다. 그 뒤 3년 동안 오늘에 이르기까지 나는 대체로 무엇을 하였는가.

내가 부통령의 중임을 맡음으로써 국정이 얼마나 쇄신되었으며 국민은 얼마나 혜택을 입었던가. 뿐만 아니라, 대통령을 보좌하는 것이 부통령의 임무라면 내가 취임한 지 3년 동안에 얼마만한 익찬翼贊의 성과를 빛내었던가. 하나로부터 열에 이르기까지 나는 그야말로 시위소찬尸位素餐에 지나지 못했던 것이다. 이것은 그 책임이 오로지 나 한 사람의 무위무능에 있었다는 것을 국민 앞에 또한 솔직히 표명하지 않을 수 없는 것이다.

그러나 매양 사람은 사람으로 하여금 사람답게 일을 하도록 해 줌으로써 사람의 적능을 발휘할 수 있는 것이니, 만약에 그렇지 못할진대 부질없이 허위虛位에 앉아 영예에 도취될 것이 아니라, 차라리 그 자리를 깨끗이 물러나는 것이 떳떳하고 마땅한 일일 것이다.

그것은 정부에 봉직하는 모든 공무원 된 사람으로서 상하 계급을 막론하고 다 그러려니와 특히 부통령이라는 나의 처지로는 더욱 그러한 것이다. 내 본래 무능한 중에도 모든 환경은 나로 하여금 더구나 무위케 만들어, 이 이상 고위에 앉아 국록만 축낸다는 것은 첫째로 국가에 불충한 것이 되고, 둘째로는 국민에게 참괴慚愧스러운 일이 아닐 수 없다. 더욱 국가가 흥망간두興亡竿頭에 걸렸고 국민이 존몰단애存沒斷崖에 달려 위기간발危機間髮에 있건만, 이것을 광정匡正하고 홍구弘救할 충성을 두드러지게 나타내는 동량지재棟樑之材가 별로 없음은 어쩐 까닭인가.

그러나 간혹 인재다운 인재가 있다 하되 양두구육羊頭狗肉의 가면 쓴 우국 위선자들의 도량跳梁으로 말미암아 초야의 은일隱逸이 비육髀肉의 탄식嘆息을 자아내고 있는 현상이니, 유지자有志者로서 얼마나 통탄할 일인가. 뿐만 아니라 정부 수립 이래 오늘에 이르기까지 고관의 지위에 앉은 인재로서 그 적재가 적소에 등용된 것을 보지 못하였다. 그런 데다가 탐관오리는 도비都鄙에 발호하여 국민의 신망을 표실表失케 하여 정부의 위신을 훼손하고 나아가서는 국시의 존엄을 모독하니, 이 어찌 신생 국민의 눈물겨운 일이 아니며 마음 아픈 일이 아닐까.

그러나 이것을 그르다 하되 고칠 줄 모르며 나쁘다 하되 바로잡으려 하지 않을 뿐 아니라, 그것의 시비를 논하던 그 사람조차 관위(官位)에 앉게 되면 또한 마찬가지로 탁수오류에 휩쓸려 들어가고 마니, 그가 참으로 애국자인지 나로서는 흑백과 옥석을 가릴 도리가 없다.

더구나 이렇듯 관기가 흐리고 민정이 어지러운 것을 목도하면서도 워낙 무위무능하지 아니치 못하게 된 나인지라 속수무책에 수수방관할 따름이니 내 어찌 그 책임을 통감 않을 것인가. 그러한 나인지라 나는 이번 결연코 대한민국 부통령의 직을 이에 사퇴함으로써 이 대통령에게 보좌의 직책을 다하지 못한 부끄러움을 씻으려 하며, 아울러 국민들 앞에 과거 3년 동안 아무 업적과 공헌이 없음을 사(謝)하는 동시에, 앞으로 나는 일개 포의(布衣)로 돌아가 국민과 함께 고락과 사생을 같이하려 한다.

그러나 내 아무리 노혼(老昏)한 몸이라 하지만 아직도 진충보국의 단심과 열성은 결코 사그라지지 않았는지라, 여생을 조국의 완전 통일과 영구 독립에 끝끝내 이바지할 것을 여기에 굳게 맹세한다. 그리고 국민 여러분은 앞으로 더욱 위국진충의 성의를 북돋아 국가의 위기를 극복하여 주시었으면 흔행(欣幸)일까 한다.*

*   박창화, 『성재 이시영 소전』, 을유문화사, 1984, 126~129쪽.

"
인간으로 세상에 태어나 누구나 자기가 바라는 목적
이 있다. 이 목적을 달성한다면 그보다 더한 행복은
없을 것이다. 그리고 그 목적을 달성하기 위해서 그 자
리에서 죽는다 하더라도 이 또한 행복 아니겠는가.
"

우당 이회영

14

법으로 다스리는 나라

1956년 5월 15일, 제3대 대통령 선거와 제4대 부통령 선거가 동시에 실시되었다. 우리 헌정사에서 처음 치러지는 직접 선거로, 최초의 '선거다운 선거'였다.

당시 대통령은 1차에 한해 중임할 수 있었는데 이승만은 이미 두 차례 당선되었기 때문에 더 이상 대통령이 될 수 없었다. 그러자 이승만은 집권 연장과 영구 집권을 위해 '초대에 한해서 중임을 철폐한다'라는 내용을 담은 개헌을 시도했다. 국회 투표 결과는 부결이었다.

이때 자유당은 '사사오입' 원리를 악용한 억지 주장으로 개헌안을 가결시켰다. 이를 '사사오입 개헌'이라고 한다. 이로써 이승만은 3선 출마의 길이 열렸고, 제3대 대통령 선거에 출마했다.

이승만은 함량이 부족한 측근 이기붕을 러닝메이트로 지목했다. 여기에 많은 지식인과 언론이 이기붕의 호 '만송'을 딴 '만송족'이 되어

그를 찬양하며 부통령 만들기에 동원되며 권력의 추한 민낯을 고스란히 드러냈다.

제1야당인 민주당은 신익희와 장면을, 진보당은 조봉암과 박기출을 각각 대통령과 부통령 후보로 선출하며 대선 진용이 마무리되었다. 신익희는 대한제국에서 관직을 지낸 뒤 독립운동의 길로 들어선 지식인이며, 임시정부의 헌법 초안을 주도했던 사람이었다.

선거전은 날이 갈수록 격렬해졌다. 전국 각 도시는 말할 것도 없고 농촌에까지 민주당 바람이 불어 지지자가 늘었다. 정권 교체의 가능성이 급속히 높아졌다.

5월 3일, 민주당은 이 같은 선거 분위기를 끝까지 끌고 가기 위해 한강 백사장에서 유세를 열었다. 서울에서 마지막으로 열린 유세였는데, 우리 정치사에 전례 없는 풍경을 연출했다. 서울 인구가 약 70만 명인데 약 30만 인파가 모여들었다. 그는 독재 권력을 정면으로 비판하며 국민의 권한을 회복해야 한다고 강조했다. 사람들은 "못 살겠다 갈아 보자!"라는 구호를 외치며 박수를 보냈다.

그 뜨거운 유세가 끝나고 나흘 뒤, 신익희는 호남선 기차 안에서 갑작스럽게 세상을 떠났다. 이와 함께 정권 교체를 향한 국민적 열망도 좌절되었다.

국민이 주인 되는 민주정치

(…) 여러분! 우리는 40년 동안이나 두고 우리 전국 동포들 남녀 노유를 막론하고 우리나라가 독립이 되어야 우리는 살겠다고 하였거니와, 참으로 우리는 오매지간寤寐之間에도 염원하고 축수하고 기다리던 나라의 독립, 국민의 자유를 제국주의를 응징하는 민주주의 국가의 승리로 말미암아 우리들이 찾은 지도 벌써 8년입니다. 일본 제국주의 파멸에 이은 무조건 항복이라는 것이 있은 지 9년이나 되는 것을 기억하지만, 우리나라가 독립이 되어서 대한민국 정부가 수립된 지도 8년이 될 것입니다.

우리들의 살림살이 살아가는 형편이 어떠한 모양이었습니까? 이것이야말로 우리 전국 동포 동지들이 날마다 시간마다 꼬박꼬박 우리들이 몸소 겪고 몸소 지내 내려온 터인지라 여러분은 특별히 잘 기억하실 것입니다. 만일 우리들이 살아가는 이 모양 이 꼬락서니, 우리들이 40년

동안을 두고 주야로 원하고 바라던 독립! 이것이 결코 우리가 사는 꼬락서니가 이와 같으리라고 생각했던 것은 아닐 것입니다. (…)

여러분! 오직 우리나라 정치가 한 사람의 의사에 의한 1인 독재 정치로 여론을 다 무시하고 제 마음대로 제 뜻대로 함부로 비판이나 모든 가지의 체계 없는 생각이랑, 정책이랑 함부로 거듭해서 불법이니, 무법이니, 위법이니 하는 것이 헌법을 무시하는 것을 비롯하여 큰 법률, 작은 법률을 지키지 않는 까닭에 우리들의 도덕은 여지없이 타락되어서 사람인지 짐승인지 구별이 없는 여차한 형편으로 한심한 형편이 되어 있는 것이 아닙니까?

제일 먼저 중요한 줄거리를 말씀드리면 사람과 짐승의 구별은 도의·도덕에 있다는 것입니다. 우리의 목적이 사람 사는 보람 있게, 남 부럽지 않게 남의 뒤에 떨어지지 않게 잘 살아가자는 것이 우리 전체의 목적이라면 우선 먼저 사람다운 표준을 세워야 할 것입니다. 양심 있고 올바르게 일하고, 사람 속이지 아니하고, 책임지고 모든 가지 일을 틀리지 않게 해 가자고 하는 사람들은 오늘날 이 세상에서 행세를 못 하게 되는 처지입니다. 양심 떼서 선반에 올려놓고, 얼굴에다 강철을 뒤집어쓰고, 사람을 속이고, 거짓말하고, 도적질 잘하는 자들이 대도 활보하고, 행세하고 꺼덕대고 지내는 세상입니다.

둘째로는 우리가 오늘날 살고 있는 이 나라는 옛날과 달라서 민주주의 나라입니다. 백성이 제일이요, 백성이 주장하는 나라인 것입니다.

그러므로, 민주 국가에서 제일 우리들이 주의하는 것은 "법으로 다스리는 나라다” 하는 것을 제일 먼저 주의를 하는 것입니다.

더군다나 옛날 지나간 시간에는 황제의 일언이 법률이라고 해서 지키지 않으면 모가지를 자르던 때도 있었지만, 오늘날 우리가 살고 있는 이 세상은 한 사람의 말이나, 요새 항상 보는 특명이니 무슨 명령이니 특권으로 무슨 명령한다, 유시諭示한다 하는 것이 법률을 못 당하는 것이며, 법률이야말로 반드시 우리들은 하는 일 못하는 일을 규정한다는 법치의 정신을 지키자는 것입니다. (…)

다음 얘기할 것은 우리 동포들이 주야로 염원하고 있는 우리 국토의 통일, 우리 국가 재건에 선결 과제 되는 이 남북통일의 문제. (…) 우리는 남북을 통일하자는 것이 우리 민족의 제일 간절한 근본 과제인 것이고 의무인 것입니다. (…)

그다음에 여러분! 오늘날 우리 민주국가의 형편은 지나간 세대와는 달라요. 대통령이 대단히 능력 있고, 자격 있고, 고귀한 듯한 지위에 있는 사람이지만, 민주국가에서 대통령을 무어라 그러는지 여러분들은 다 알고 계실 것입니다. ‘하인’이라고 불러요. ‘프레지던트’라고 불러요. ‘프레지던트’라는 말은 ‘심부름꾼’이 되는 ‘하인’이라는 말입니다.

그런데 대통령은 하인인데 대통령 이외의 사람들, 부장, 차장, 국장이니 과장이니 지사니 무슨 경찰국장이니 군수니 경찰서장이니 또 무엇이니 하는 사람들이 거 뭘까요? 하인 중에도 자질구레한 새끼 하인들이다 이 말이에요. 그러므로 하인이란 말은 심부름꾼이란 말을 비유로 얘기해 보면 농사짓는 집은 머슴꾼 같은 것이고, 장사하는 댁의 하인 같은 것입니다.

대통령이라고 하늘에서 떨어진 것도 아니고 땅에서 솟아난 것도 아니요, 그러므로 일 잘못하면 주인 되는 우리 국민들이 반드시 이야기하고, 반드시 나무라고, 반드시 갈자는 이야기가 나온다 이런 말입니다. 여러분! 이것이야말로 당연한 일입니다. 주인 되는 사람이 심부름하는 사람 청해 놓았다가 잘못하면 "여보게 이 사람, 자네 일 잘 못하니 가소" 하는 것이 당연한 게 아니겠습니까? (…)*

*　신창현 편, 『해공 신익희 선생 연설집』, 1953.

임금 귀는 당나귀 귀다

1950년대에 이승만의 독재와 장기 집권을 비판하는 목소리는 '불순분자'로 몰리기 일쑤였다. 침묵이 강요되던 이 시기에 가장 용기 있게 할 말을 하고 언로言路를 튼 인물이 있다. 함석헌이다. 그가 《사상계》 1957년 3월호에 쓴 글은 침묵의 장벽을 뚫는 외침이었다.

함석헌은 평안도 용천이라는 바닷가 마을에서 평민 집안의 아들로 태어났다. 벼슬한 조상 하나 없는 평범한 집안에서 자랐으나 오산학교에서 안창호, 조만식, 류영모, 이승훈 같은 이들을 만나면서 민족의식과 기독교 신앙에 눈을 떴다. 함석헌이 겪은 시대의 비극적 상황, 즉 분단과 한국전쟁, 잇단 군부독재는 그에게서 저항 정신이 싹트고 커지는 계기가 되었다.

그는 '씨올'이라는 독특한 개념을 중심에 두었다. '씨올'이란 사람 안에 존재하는 고유하고 고결한 생명의 힘, 즉 각자가 깨어 있을 때 나타나는 자율적 의식이었다. 함석헌에게 민주주의란 정권이나 이념의 문제가 아니라 이 씨올이 주인 되는 질서였다. 권력이 씨올을 누를 때 그는 침묵하지 않았다.

함석헌의 말과 글은 무게가 있었다. 그는 폭압의 시대에도 물러서지 않는 '싸우는 평화주의자'였다. 그는 반독재와 평화통일, 그리고 '씨올'이 주인이 되는 민주화의 소금 수레를 끄는 야생마의 역할을 다했다.

그가 《사상계》에 발표한 「할 말이 있다」는 그런 저항 정신의 분수령이었다. 이전까지는 종교나 윤리 문제를 다루던 글들을 주로 썼는데 이 글을 통해 본격적으로 사회와 정치 현실에 대한 쓴소리를 시작했다. 그는 국민에게 말할 권리는 당연하며, 권력으로 이를 틀어막는 것은 도저히 용납할 수 없는 폭력이라고 지적했다. 시대를 꿰뚫는 씨올의 말은 단호했고, 문장은 단단했다.

민주주의는 발언을 통해 숨 쉬고 시민은 입을 열 때 주인이 된다는 사실을 함석헌은 삶으로 증명했다.

할 말이 있다

(…) 벌집같이 서 있는 학교 위에, 날아가는 돈 잡는다고 구더기 떼같이 밀려오고 밀려가는 군중들 위에, 그 군중을 또 박차고 먼지를 공중에 날리고 바람같이 지나가며 뒤도 돌아보지 않는 자동차와 그 안에 사람이나 몇 무더기씩 잡아먹었노라는 듯 제치고 앉은 미친 년놈들 위에, 또 그 모든 것 다 보면서 나라 망하는 줄은 모르고 재미난 구경한다고 극장 앞에 입을 헤벌리고 줄지어 섰는 저 미친 젊은 놈 젊은 년들 위에 제발 그 구정물이라도 끼어 얹어 줍시사! (…)

우리나라 역사는 벙어리 역사다. 무언극無言劇이다. 이 민중은 입이 없다. 표정이 없다. 사람인 이상 입이 없으리만, 있고도 말을 아니 하고 자라 온 민중이다. 사람인 담에야 속이 없으리만 그 속을 나타내지 않고 온 사람들이다. 할 말이 없어서일까? 아니 있다면 세계 어느 나라의 민중보다도 할 말이 많을 것이다. 입으로는 할 수 없는 말을 가슴에 사무

치게 가진 사람들이다. 그러면서도 발표할 생각을 하지 않았다. (…)

　시시비비의 판단이야 없지 않지만 있는 소감을 발표했다가는 언제 판국이 바뀌어 어떻게 죽을지 모른다는 것을 오랜 역사의 경험에 비추어 알기 때문에 구차한 목숨 하나를 보전하기 위하여 그들은 벙어리가 되기로 했다. 그러나 민중이 무표정이면 무표정일수록 구경하는 격이 되면 될수록 특권자들의 싸움은 점점 더 노골적이 되고 압박은 더욱더 꺼림 없이 하게 된다. 그러면 비겁한 민중은 점점 더 말을 아니 하고 점점 더 무표정한 구경꾼이 됐다. 이리하여 원인이 결과를 낳고 결과가 또 원인이 되어 세계에서 다시 볼 수 없는 무언극의 역사는 엮어졌다. 참혹하지 않은가? 비통하지 않은가? (…)

　나는 '할 말이 있다.' 그런데 이렇게 되는 역사에 무슨 잠꼬대라고 언론취체가 무어냐? 저와 조금 다르면 공산당이라, 비국민이라, 이단이다! 제발 그런 소리를 맙시다! 시대착오時代錯誤다. 역사의 거꾸로 감이다. 하늘 명령 거스름이다. 그것으로 망한 우리나라 아닌가? 제발 이 민중이 할 말을 하게 하라! 미다스야 벌써 죽은 지가 오래지 않나? 나는 죽어도 말은 아니 할 수 없다. "우리 임금 귀는 당나귀 귀다!" 어리석을진저, 화 있을진저, 민중의 입을 틀어막으려는 자여! (…)*

<hr>

*　《사상계》, 1957년 3월호, 제44호.

16

한국의 진보주의

해방 이후 한국 정치사에서 가장 불운한 정치인은 누구일까? 죽산 조봉암을 첫손으로 꼽을 수 있다.

조봉암은 3·1 혁명 주동자로 옥살이를 하면서 민족과 역사에 대해 새롭게 인식하게 되었다. 이후 일본으로 건너가 사회주의 사상에 빠졌고, 귀국한 뒤 본격적으로 공산주의 운동에 뛰어들었다. 조선공산당을 결성하는 데 핵심적인 역할을 했던 그는 중국 상하이를 근거지로 민족해방 운동을 전개하다가 신의주형무소에서 7년간 혹독한 옥살이를 했다.

해방 뒤에는 과격한 공산주의 운동에 회의를 느끼고 「친애하는 박헌영 동지에게」라는 공개편지를 발표한 뒤 공산주의와 결별했다. 이어 민족 진영에 가담하여 제헌의원과 초대 농림부 장관을 맡아 정부가 수립되는 데 기여했다.

초대 농림부 장관으로 재직하던 때, 그는 친일 지주 세력인 한민당의 반대를 무릅쓰고 농지개혁을 단행했다. 이 개혁은 소작농에게 실질적인 토지 소유권을 부여해 국민의 삶을 바꾸었고, 농민들의 전폭적인 지지를 이끌었다. 농지개혁으로 높아진 인기는 훗날 그에게 독이 되었다.

1956년에 조봉암은 혁신 정당인 진보당을 창당하고 이승만 정권에 본격적으로 맞섰다. 진보당은 '평화통일'과 '고루 잘 사는 사회'를 지향하며 이념과 계층을 초월한 대중 정당으로 자리매김했다. 그해 대통령 선거에 출마해 상당한 득표로 정권 교체 가능성마저 엿보였다.

조봉암이 1956년 11월 10일 진보당 창당대회에서 발표한 '개회사'에는 그의 정치철학과 국가에 대한 비전이 잘 담겨 있다. 이는 그가 제도 정치 속에서 민주주의와 평화, 복지를 동시에 실현하고자 했던 정치적 이정표였다.

당시 냉전 구조와 반공 이데올로기가 지배하던 한국 정치에서, 평화통일을 주장하고 사회적 약자를 대변하는 목소리는 정권에 위협으로 인식되었다.

결국 이승만 정권의 정치보복으로 조봉암은 1959년 7월 31일에 형장의 이슬로 사라지고 도전은 멈춰져야 했다. 훗날 재심을 통해 무죄 판결을 받으며 명예는 회복되었지만, 그의 죽음은 여전히 한국 민주주의의 상처로 남아 있다.

진보당 창당대회 개회사

동지들, 여러 동지들.

나는 이런 공개석상에서 동지라고 이렇게 부르는 말을 써 본 일이 없습니다.

참으로 감개무량합니다. 우리가 공산주의와 공산당을 거부하고, 동시에 자본주의와 그 앞잡이인 보수당을 거부한 지 이미 10년이 넘었지마는 그동안 우리끼리 모여서 동지라고 불러 보지를 못했습니다. 그러나 오늘 이 자리에서 사회개조의 원리인 진보사상을 주장하는 우리들이 일당을 해서 역사적인 회합을 가지고 역사적으로 처음으로 동지들이라고 부르는 기쁨을 나누게 되는 것입니다.

동지들!

나는 여러 동지들의 어려운 환경도 잘 알고 또 어려운 살림살이도 잘 알고 있습니다. 그렇지만 그 어려운 환경에서도 이렇게 열성적으로 예상보다 훨씬 많이 참석해 주셔서 이런 성황을 이루게 해 주신 것을 이건 다만 우리들의 기쁨만이 아니고 실로 이 나라를 위해서 또 민족을 위해서 대단히 기쁜 일이라고 믿습니다. 충심으로 감사드립니다.

지금 전 세계는 바야흐로 움직이고 있습니다. 자본주의 세계도 움직이고 공산주의 세계도 움직이고 있고, 제국주의적인 노대국들도 움직이고 식민지에 있는 약소 민족들도 움직이고 있습니다. 이렇게 움직이고 있는 세계 중에서 그 일환으로 되고 있는 우리나라도 그 세계적인 움직임 가운데서 최첨단의 보초병이 되고 있는 처지이면서도 지금 아무도 돌아보지 않는 것같이, 외로이 내던져져 있는 것입니다.

그렇다고 우리 민족의 지상명령인 남북통일을 위한 아무런 적극성도 전연 보이는 바가 없습니다. 뿐만 아니라 민주주의는 무슨 말뿐이고, 인민의 자유와 인권은 날로 침해되어서 위축되고, 산업은 날로 위축되고 실업자는 늘고 농민들은 한정 없는 대량 수탈에 시달리다 못해서 농토를 버리고 거리에 방황하는 자가 날마다 늘어가고 있는 참상입니다.

이렇게 나라 꼴이 말이 못 되고 모든 국민이 모두 다 이대로는 그대로 살아갈 수 없다고 아우성을 치는 이런 판인데도 모든 보수파 정객들은 현재 정권을 잡은 자거나 또 그 정권에서 잠시 밀려난 자들이거나를 불문하고 모두 다 어떻게 하면 권세를 쥐고 어떻게 하면 이권을 얻을까 하는 데에 모든 정력을 기울일 뿐이지 나랏일을 걱정하고 국민 대중의 생활을 걱정해 주는 사람은 하나도 뵈지 않습니다. 이러한 판국이니 마치 이 나라 안에서 나랏일을 바로잡고 국민을 살리는 유일한 길은 오직 진보적 사상을 가진 혁신요소의 대중적인 집결로 일대 혁신정당을 조직해서 정권을 담당하고 정치혁신을 단행하는 길밖에는 없는 것입니다.

우리들 지식인은 당연히 이 두 가지, 즉 자본주의와 공산주의를 다 같이 거부하고 청산을 하는 동시에 인류의 새 이상, 즉 원자력 시대에 적응할 인류의 새 이상을 옳게 파악하고 실현해 내지 않으면 안 됩니다.

그러면 인류의 새 이상이라는 것은 대체 어떤 것이냐 이것을 생각해 보십시다. 인류의 새 이상이라고 하는 것을 말하자면 모든 묵은 이상들을 낱낱이 끄집어내서 검토하고 비판을 해 보아야 할 것입니다마는 그것을 요약해서 총괄적으로 말하자면 인류 유사 이래로 오늘에 이르기까지에 우리 인간 사회의 모든 면 즉 정신적인 또 철학적인, 정치적인, 경제적인 또는 종교적인, 문화적인 이 모든 면에 걸쳐서 현대 지식인의 입장에서 그것을 과학적으로 온전히 비판해 가지고 그 나쁘고 불합리한 것을 치워 버리고 그 합리적이고 좋은 것만을 택하고 그것을 다시 종합 정리해서 그 시대에 맞고, 그 사회에 맞고, 그 인정에 맞도록 제도를 만들고 정책을 고침으로써 사람이 사람을 착취하는 일을 없애고, 또 인간의 존엄성을 무시하는 일을 없애고, 모든 사람의 자유가 완전히 보장되고 모든 사람이 착취당하는 것이 없이 응분의 노력과 사회적 보장에 의해서 다 같이 평화롭고 행복스럽게 살 수 있는 세상, 말하자면 우리들의 이상인 복지사회를 건설하자는 것입니다.

이러한 이상을 우리나라의 실정에 비추어서 정치적으로 표시하자면 먼저 민주적·평화적 방법으로 국토를 통일해서 완전히 자주·통일·

평화의 국가를 건설하자는 것이고, 모든 사이비 민주주의를 지양하고 혁신적인 참된 민주주의를 실시해서 참으로 인민의, 인민에 의한, 인민을 위한 정치를 실시하자는 것이고, 또 계획적인 경제체제를 수립해서 민족자본을 육성·동원시키고 산업을 부흥시켜서 국가의 번영을 촉구하자는 것이고 또 조속히 사회보장제도를 실시해서 모든 국민의 생활을 보장하고 향상시키려는 것이고, 교육제도를 개혁해서 점차적으로 교육의 국가보장 제도를 실시해서 이 나라에 새 민족문화를 창조하고 나아가서는 세계의 문화진운에 이바지하자는 것입니다. 그런즉 이러한 모든 정치적 과제들은 인류의 새 이상을 한국 실정에 적용케 해서 실천하자는 것이니 이것을 가리켜 한국의 진보주의라고 해도 좋을 것입니다.

우리 진보당원들은 살아서는 나라의 주인으로 그 이상을 실천하는 지도자가 되는 것이고, 죽어서는 천추만대에 그 거룩한 이름을 빛낼 수 있는 역사의 선구자들입니다. 자중자애해야 되겠습니다. 우리들은 나라를 위하고 대중을 위하는 것과 똑같은 심정으로 우리 당을 위하고, 우리 동지들을 아껴야 되겠습니다.*

* 　정태영·오유석·권대복 편, 『죽산 조봉암 전집(4)』, 세명서관, 1999, 133~135쪽.

17

변절이란 무엇인가?

1960년에 제4대 대통령 선거와 제5대 부통령 선거가 치러졌다. 이승만 정권은 거듭된 실정과 1인 장기 집권으로 공정한 선거를 통해서는 정·부통령 선거에서 승산이 없다는 것을 알았다. 결국 이들은 경찰과 행정 기관뿐만 아니라 반공청년단 등을 강화하고 앞세워 관권 폭력 선거를 꾀했다. 이것이 1960년 3월의 악명 높은 3·15 부정선거이다.

3·15 선거를 앞두고 야당인 민주당은 정권 교체를 시도했으나 전열이 흔들렸다. 일부 의원들이 민주당 내분을 비판하고 '정권 교체보다 정국 안정'을 내세우며 자유당으로 이적했기 때문이다. 민주당은 이를 자유당 정권의 공작과 매수에 의한 것이라고 지적하고 국회의사당 앞에서 규탄대회를 열었다. "변절자는 이완용이고 수절자는 사육신"이라며 강력히 비판했다.

당시의 변절은 비단 정치인에게만 국한되지 않았다. 학자, 문인, 종교인, 예술인 등 많은 지식인이 이승만과 이기붕을 지지하는 성명을 내고 부정선거 대열에 합류했다.

선거 결과는 이승만과 이기붕의 압도적 승리였다. 이승만은 민주당 조병옥 후보가 선거 한 달여 전에 사망하면서 단독 후보가 되었기에 이미 당선된 것이나 다름없었다. 문제는 이기붕이었다. 이기붕은 약 80퍼센트의 득표율로 장면 후보를 이기고 당선되었다.

이 결과에 민심은 들끓었고, 3·15 부정선거를 규탄하며 마산에서 시작된 시민 저항은 곧 4·19 혁명으로 확산했다. 당시 정치인의 가장 큰 덕목은 지조이고, 가장 큰 악덕은 변절이었다.

3·15 부정선거를 얼마 앞두고 조지훈은 정치인들과 지식인들의 거듭되는 변절 행태를 가만히 지켜볼 수가 없었다. 시인으로서 또 지식인으로서 책임 있는 발언이 필요하다고 느꼈다. 그는 2월 15일에 《새벽》 3월호의 권두 논설로 「지조론志操論」을 발표했다. '변절자를 위하여'라는 부제가 붙었다.

조지훈은 '지조'가 없는 지도자는 믿을 수가 없다며, 권력 앞에서 무너진 변절자들의 행위를 매섭게 질타했다. 변절자들의 변절 행태를 '자기 기만'이라고 지적하며, '그럴듯한 명분'은 결국 사리사욕의 변명에 지나지 않는다는 것을 파헤쳤다.

지조론

―변절자를 위하여

지조란 것은 순일純一한 정신을 지키기 위한 불타는 신념이요, 눈물 겨운 정성이며, 냉철한 확집이요, 고귀한 투쟁이기까지 하다. 지조가 교양인의 의의를 위하여 얼마나 값지고 그것이 국민의 교화에 미치는 힘이 얼마나 크며 따라서 지조를 지키기 위한 괴로움이 얼마나 가혹한가를 헤아리는 사람들은 한 나라의 지도자를 평가하는 기준으로써 먼저 그 지조의 강도強度를 살피려 한다. 지조가 없는 지도자는 믿을 수가 없고 믿을 수가 없는 지도자는 따를 수가 없기 때문이다. (…)

변절이란 무엇인가. 절개를 바꾸는 것, 곧 자기가 심신으로 이미 신념하고 표방했던 자리에서 방향을 바꾸는 것이다. 그러므로 사람이 철이 들어서 세워 놓은 주체의 자세를 뒤집는 것은 모두 다 넓은 의미의 변절이다. 그러나 사람들이 욕하는 변절은 개과천선의 변절이 아니고 좋고 바른 데서 나쁜 방향으로 바꾸는 변절을 변절이라 한다. 일제 때 경찰에 관계하다 독립운동으로 바꾼 이가 있거니와 그런 분을 변절이라 욕하지는 않았다. 그러나 독립운동을 하다가 친일파로 전향한 이는 변절자로 욕하였다. (…)

변절자에게는 그럴듯한 구실이 있다. 첫째, 좀 크다는 사람들은 말하기를 백이 숙제는 나도 될 수 있다, 나만 깨끗이 굶어 죽으면 민족은 어쩌느냐가 그것이다. 범의 굴에 들어가야 범을 잡는다는 투의 이론이요, 그다음이 바깥에선 아무 일도 안 되니 들어가 싸운다는 것이요, 가장 하치가 에라 권력에 붙어 이권이나 얻고 가족이나 고생시키지 말아야겠다는 것이다. (…)

무너질 날이 얼마 남지 않은 권력에 뒤늦게 팔리는 행색은 딱하기 짝없다. 배고프고 욕된 것을 조금 더 참으라. 그보다 더한 욕이 변절 뒤에 기다리고 있다. (…)

양가의 부녀가 놀아나고 학자, 문인까지 지조를 헌신짝같이 아는 사람이 생기게 되었으니 변절하는 정치가들도 우리쯤이야 하고 자위할지 모른다. 그러나 역시 지조는 어느 때나 선비의, 교양인의, 지도자의 생명이다. 이러한 사람들이 지조를 잃고 변절한다는 것은 스스로 그 자임하는 바를 포기하는 것이다.*

* 《새벽》, 새벽사, 1960년 3월호.

18

종기가 곪아 터진 격

3·15 부정선거에 분노한 마산 시민과 학생들은 선거 다음 날부터 거리로 나서 부정선거를 규탄하는 시위를 벌였다. 시위는 평화롭게 시작되었으나 경찰은 곤봉과 최루탄에 이어 실탄까지 사용하며 가혹하게 진압했다.

그러던 가운데 3월 15일 저녁에 실종되었던 마산상고의 김주열 군이 약 한 달 만인 4월 11일에 마산 앞바다에서 눈에 최루탄이 박힌 채 시신으로 발견되었다. 이 끔찍한 사건은 전국적인 공분을 불러일으켰고, 마산 의거는 그날부터 4·19 혁명으로 나아가는 분기점이 되었다.

정부는 마산 의거 초기부터 시위 참가자들을 공산주의자로 몰고 갔다. 검찰과 경찰은 불온 전단삐라을 강제로 학생들의 호주머니에 넣고 북한의 지령에 따라 반정부 시위를 벌였다는 식으로 날조해 발표했다. 어용 언론은 이런 내용을 그대로 받아 대서특필하며, 시위를 좌경 폭동으로 왜곡했다.

마산 시민과 학생들의 자발적인 항거가 자칫 좌경 세력, 즉 소위 '빨갱이들'의 반정부 행동으로 묻힐 위기였다. 이러한 날조와 왜곡에 대해 대한변호사협회가 나섰다. 대한변호사협회는 인권옹호위원회를 중심으로 조사단을 조직해 현지로 급히 보내 진상을 조사했다.

3월 28일, 대한변호사협회는 '제1차 마산 사건 진상 성명'을 발표했다. 대한변호사협회는 "마산 사건은 국민의 정부시책에 대한 평소의 불신과 부정선거로 인하여 자연발생적으로 일어난 민중봉기"라고 조사 결과를 발표했다.

대한변호사협회는 또한 선거 당시 번호표 미배부, 야당 참관인 배제, 경찰 주도의 선거 집행, 무차별 발포, 야간 산간 마을 총격, 실내 아동 흉부 관통상 등 구체적 사례를 제시하며, 사건의 직접 책임은 정부와 경찰에 있다고 단정했다. 이와 함께 평화로운 시위를 과잉 진압해 인명을 살상했다며 관련자 처벌도 주장했다. 이승만 정권의 발표와 정면으로 배치되는 내용이었다.

대한변협은 법조계의 양심을 걸고 정권의 왜곡과 폭력에 맞서 시민의 권리와 진실을 대변했다.

마산사건은 자연발생

—대한변호사협회 제1차 마산 사건 진상 성명

금번 마산 사건은 국민의 정부시책에 대한 평소의 불신에다 3·15 정·부통령 선거에 있어서의 부정 사실과 연일 접종하여 각지에서 일어나는 폭행, 구타, 살인 등의 불법행위가 민중의 감정을 극도로 자극하여 자연발생적으로 야기된 민중봉기의 성격을 띤 사건이다. 불법 부정이 백주에 공연 자행되었으며, 검·경은 이를 방치하여 불문하니 국민의 생명 재산은 안보할 길이 없고 사회의 기강은 날로 빈폐하여 서중庶衆의 울분은 격화일로이던 중 특히 금번 마산시에 있어서도 대다수의 시민에게 번호표를 배부치 않았고 투표소에 야당 참관인은 거의 전부가 입회 불능하였으며 또 선거는 주로 경찰에 의하여 집행될 뿐 아니라 그 횡포가 자심하니 이러한 민중의 누적된 울분이 일시에 폭발하게 된 것이다.

이것은 마치 여름날 혹서에 돋았던 땀띠가 모이고 모여서 한 개의 종기가 되어 곪아 터진 격이다. 그것이 우연히 마산이라는 지점에서 크게 터졌을 뿐으로 순연한 우발적 사건이다. 그러므로 마산 사건 발생의 원인과 그 책임은 전적으로 정부나 경찰에 있다고 아니 할 수 없다. (…) 경찰은 무자비하게도 무차별 사격을 감행하여 다수의 살상자를 내었을 뿐 아니라 도주하는 학생들을 추격 살상하였고 다시 나아가 야음을 타서 산간 동리에 무차별 일제 사격을 감행하여 실내에서 놀던 아동에까지 흉부관통상을 입히는 등 실로 구불형언口不形言의 만행을 자행한 것으로 단정한다.*

*　김삼웅, 『민족민주민중선언』, 일월서각, 1984, 16~17쪽.

19

양심은 부끄럽지도 외롭지도 않다

남녘에서 시작된 3·15 부정선거 규탄 시위는 전국으로 번져 나갔다. 4월 들어서는 서울에서도 시위가 벌어졌고, 전국적으로 국민적 분노를 촉발했다.

4월 18일, 고려대학교 학생 3천여 명이 학교에서 광화문 국회의사당까지 행진했다. 시위를 평화적으로 끝내고 다시 학교로 돌아가던 중 정치깡패의 습격을 받고 여러 학생이 다치는 사건이 발생했다. 이 소식이 알려지자 서울 대부분의 대학이 시위에 동참했고, 시민들도 이들과 함께 거리로 나섰다.

학생들은 학교 게시판에 격문을 붙이고, 각 대학 학생회는 성명서를 발표했다. 그 가운데 서울대학교 문리대 학생회가 4월 19일 발표한 「자유의 종을 난타하는 타수의 일익을」은 대학의 양심을 대표하는 선언이었다. 학생들은 이 선언문에서 "우리는 민주주의를 위장한 전체주의의 전횡을 규탄한다"라고 말하며, "자유는 송두리째 박탈되고 있다"라고 지적했다. 마산에서 희생된 김주열 군의 죽음을 언급하며 "전제주의 전횡의 발가벗은 나상"이라 고발했다.

지식인 사회의 반응도 컸다. 문인과 교수, 종교인들은 공개 성명과 기고를 통해 정권의 부정과 폭압을 고발했다. 오천석, 김준엽, 이영식, 함석헌, 장준하 등은 직접 언론을 통해 글을 발표하거나 시위에 참여했다. 천주교 사제들은 거리로 나서 학생들과 함께 시위를 벌였고, 일부 교수들은 수업을 중단하고 학생들의 행동을 지지하는 성명을 냈다.

정부는 학생들의 시위에 또다시 강경 진압으로 대응했다. 경찰은 시위를 벌이는 학생들에게 최루탄을 쏘고 곤봉을 휘두르며 무차별적으로 폭행하고 체포·구금했다. 서울을 포함한 주요 도시에서는 계엄령 발동이 거론되었고, 언론은 검열에 얼어 정부 보도만을 전달했다. 그러나 시위는 멈출 줄 몰랐다.

4월 19일, 서울에서 시민과 학생 수만 명이 경무대로 몰려들었고, 경찰은 총을 쏘며 대응했다. 수십 명이 희생되고, 부상자가 속출했다. 이튿날 대통령 이승만은 계엄령을 선포했으나 여론은 더욱 나빠졌다. 4월 26일이 되자 이승만은 민심을 못 이겨 권좌에서 내려와야 했다.

자유의 종을 난타하는 타수의 일익을

상아의 진리탑을 박차고 거리에 나선 우리는 질풍과 같은 역사의 조류에 자신을 참여시킴으로써 이성과 진리, 그리고 자유의 대학정신을 현실의 참담한 박토에 뿌리려 하는 바이다.

오늘의 우리는 자신들의 지성과 양심의 엄숙한 명령으로 하여 사악과 잔학의 현상을 규탄 광정匡正하려는 주체적 판단과 사명감의 발로임을 떳떳이 선명宣明하는 바이다.

우리의 지성은 암담한 이 거리의 현상이 민주와 자유를 위장한 전체주의의 표독한 전횡에 기인한 것임을 단정한다.

무릇 모든 민주주의의 정치사는 자유의 투쟁사다. 그것은 또한 여하한 형태의 전제專制도 민중 앞에 군림하는 '종이로 만든 호랑이'같이 해슬픈 것임을 교시敎示한다.

한국의 일천日淺한 대학사가 적색전제에의 과감한 투쟁의 거획巨劃을 장掌하고 있는 데 크나큰 자부를 느끼는 것과 꼭 같은 논리의 연역에서, 민주주의를 위장한 백색白色전제에의 항의를 가장 높은 영광으로 우리는 자부한다.

근대적 민주주의의 기간基幹은 자유다.

우리에게서 자유는 상실되어 가고 있다는 것을, 아니 송두리째 박탈되고 있다는 것을 우리는 이성의 혜안으로 직시한다.

이제 막 자유의 전장戰場엔 불이 붙기 시작했다. 정당히 가져야 할 권리를 탈환하기 위한 자유의 투쟁은 요원의 불길처럼 번져 가고 있다. 자유의 전역戰域은 바야흐로 풍성해 가고 있는 것이다.

민주주의와 민중의 공복이며 중립적 권력체인 관료와 경찰은 민주를 위장한 가부장적 전제 권력의 하수인으로 발 벗었다.

민주주의 이념의 최저의 공리인 선거권마저 권력의 마수 앞에 농단되었다.

언론·출판·집회·결사 및 사상의 자유의 불빛은 무식한 전제권력의 악랄한 발악으로 하여 깜박이던 빛조차 사라졌다. 긴 칠흑 같은 밤의 계속이다.

나이 어린 학생 김주열의 참시慘屍를 보라! 그것은 가식 없는 전제주의 전횡의 발가벗은 나상裸像밖에 아무것도 아니다.

저들을 보라! 비굴하게도 위하威嚇와 폭력으로써 우리들을 대하려 한다. 우리는 백보를 양보하고라도 인간적으로 부르짖어야 할 같은 학구

學究의 양심을 강렬히 느낀다.

보라! 우리는 기쁨에 넘쳐 자유의 횃불을 올린다.

보라! 우리는 캄캄한 밤의 침묵에 자유의 종을 난타하는 타수打手의 일익—翼임을 자랑한다. 일제의 철퇴 아래 미칠 듯 자유를 환호한 나의 아버지, 나의 형들과 같이—.

양심은 부끄럽지 않다. 외롭지도 않다. 영원한 민주주의의 사수파는 영광스럽기만 하다.

보라! 현실의 뒷골목에서 용기 없는 자학을 되씹는 자까지 우리의 대열을 따른다. 나가자! 자유의 비밀은 용기일 뿐이다.

우리의 대열은 이성과 양심과 평화, 그리고 자유에의 열렬한 사랑의 대열이다. 모든 법은 우리를 보장한다.

1960년 4월 19일 서울대학교 문리과대학 학생 일동*

---

* 김삼웅, 『민족민주민중선언』, 일월서각, 1984, 19~20쪽.

"

마산, 서울, 기타 각지의 데모는 주권을 빼앗긴 국민의 울분을 대신하여 궐기한 학생들의 순수한 정의감의 발로이며 불의에는 언제나 항거하는 민족정기의 표현이다. 이 데모를 공산당의 조종이나 야당의 사주로 보는 것은 고의의 왜곡이며 학생들의 정의감의 모독이다. 합법적이요 평화적인 데모 학생에게 총탄과 폭력을 주저 없이 남용하여 공전의 민족 참극을 빚어낸 경찰은 자유와 민주를 기본으로 한 대한민국의 국립경찰이 아니라 불법과 폭력으로 권력을 유지하려는 일부 정치 집단의 사병私兵이다.

"

'대학교수단 4·25 시국선언문' 중에서*

---

* 　김삼웅, 『민족민주민중선언』, 일월서각, 1984, 20쪽.

20

비정상과 타협은 없다

독재 권력의 폭거에 맞선 4·19 혁명으로 정치와 언론계에 변화가 일어났다. 이승만 정권에서 숨을 죽여야 했던 언론의 숨통이 트이기 시작했다. 진보당 조봉암의 사법살인으로 무참히 짓밟히며 설 땅을 빼앗겼던 혁신·진보 세력과 진보적 시민사회 인사들은 민주주의의 기틀을 재건할 새로운 매체를 구상했다. 그렇게 혁신·진보 세력의 대변지로 창간된 신문이 《민족일보》였다.

《민족일보》는 1961년 2월 13일 창간되었다. 서상일, 윤길중, 김달호 등 혁신계와 진보적 인사들이 대거 참여했다. 창간을 주도한 인물은 조용수였다. 신문은 '민족의 진로를 가리키는 신문, 근로대중의 권익을 옹호하는 신문, 부정과 부패를 고발하는 신문, 조국의 통일을 절규하는 신문'이라는 4대 사시社是를 내걸었는데 이는 당시 시대 과제를 반영한 선언이었다.

조용수는 창간사 「민족일보 창간에 즈음하여」에서 족벌 언론과 보수신문을 비판하며, 언론이 개인과 정파의 도구가 아닌 국민과 민족을 위한 공적 수단이어야 한다고 강조했다.

《민족일보》는 창간 직후부터 대중의 뜨거운 사랑을 받았다. 갓 창간했음에도 발행부수가 《조선일보》나 《동아일보》와 맞먹는 5만 부에 달했다. 가두 판매에서는 1위였다.

독자들은 진보적인 논조와 독창적인 편집에 환호했고, 언론계는 변화의 물결을 실감했다. 이와 동시에 창간 때부터 시작된 시련은 계속되었다. 민주당 정부가 인쇄소 계약을 끊어 3일간 휴간한 사건은 그저 예고편이었다.

1961년 5월 16일, 박정희 군사 쿠데타 이후 신문은 된서리를 맞았다. 쿠데타 이틀 뒤 조용수 사장을 포함한 《민족일보》 간부들이 전격 체포되었고, 다음 날 지령 92호를 끝으로 신문은 폐간되었다.

쿠데타 세력의 하수인이 된 검찰은 기다렸다는 듯 사장 조용수를 비롯해 안신규와 송지영에게 사형을 구형했다. 그리고 법원에서 사형이 확정된 다음 날인 12월 21일, 서대문형무소에서 조용수의 사형이 급히 집행되었다. 그때 조용수의 나이는 겨우 31세였다.

《민족일보》의 폐간과 조용수의 사형은 단순한 언론 탄압이 아니었다. 어렵게 되찾은 자유와 민주주의를 다시 억압하는 폭력이었으며, 혁신적 언론 실험을 말살하려는 군사정권의 만행이었다.

민족일보 창간에 즈음하여

이미 허다한 신문들이 발행되고 있습니다. 그런데 우리는 민족일보라 제호하는 또 하나의 일간신문을 세상에 내놓으려 하는 것입니다. 이에 즈음하여 우리는 이 신문이 발행되는 몇 가지 말씀할 기회를 갖고자 합니다.

흔히 신문은 경세의 목탁이라고 찬양하는 사람이 있으나 필연 이것은 정당한 평가일런지요. 일부분의 신문은 오늘날 그 소유자들과 집필자들에 의하여 부당하게 사용되고 있습니다. 국가와 민족의 이익을 자기의 이익으로 생각하는 신문경영자, 집필자가 몇 사람이나 될런지 이것은 하나의 의문이 아닐 수 없습니다. 우리는 그러한 종류의 신문을 또 하나 늘릴 생각은 터럭 끝만치도 없는 것입니다.

지금 우리가 당면하고 있는 이 나라의 현실은 역사적으로 유래를 찾아볼 수 없을 정도로 비참한 상태에 있습니다. 국토의 양단, 민족의 사상적 분열, 생활의 도탄, 사회악의 창궐, 이것을 광정匡正하는 것이 이 나라 이 백성의 이익이 되는 것이나, 이 점을 망각하거나 고의로 무관심한 사람이 너무나 많습니다. 이제 우리가 가지려는 또 하나의 언론기관 민족일보는 이와 같은 현실을 자신의 문제로 확신하고 민족의 봉화가 될 것을 자처하고자 하는 것입니다. 그러므로 민족일보는 결코 어떤 개인, 어떤 정당 정파의 이익을 위하여도 봉사하지 않을 것이며 오로지 이 나라와 이 나라 전 인민의 이익과 행복만을 위하여서만 그 활자 하나하나를 참되게 살리려고 하는 것입니다.

전 민족의 비원인 이 나라의 통일문제는 민족일보가 가장 열렬히 정력을 바치려는 대상이 될 것입니다. 그러므로 우리는 우리 민족 간에 유혈의 전쟁을 고취하고 평화적 통일을 반대하는 자들에게 대해서는 가장 준엄한 비판자가 될 것이며 조국의 통일을 위하여 성실히 노력하는 민주적 애국자들에 대해서는 가장 열정적인 지지를 보낼 것입니다. 우리는 우리의 조국이 자주적인 독립국가로서 하루속히 번영과 행복을 누릴 수 있게 되기를 절실히 염원하면서 선구적 구실을 담당할 것을 사양치 않으려 하는 것입니다.

민족일보는 명칭 그대로 우리 민족의 대변지가 될 것만을 기도함으로 민족의 이익에 배치되는 모든 부정과 부패에 대하여는 가장 가열한 고발자로서의 입장을 고수할 것입니다. 또한 민족을 오도하는 모든 비과학적 신비주의적 주장에 대하여는 예리한 감시자가 될 것을 결코 잊지 않을 것입니다. 이와 같은 의미에서 민족일보는 언제나 비정상적인 것과의 타협을 긍정하는 일이 없을 것입니다. 즉 민족일보는 혁신적이라고 불리워도 좋다는 것입니다.

　우리의 이와 같은 각오와 취지가 어떠한 열매를 열게 할 수 있을지 그것은 오로지 독자 여러분에 달려 있다고 하겠습니다. 그것은 이 신문이 본질적으로 여러분의 신문이기 때문입니다. 민족일보는 우리네 살림살이와 마찬가지로 넉넉지 못합니다. 다만 여러분의 지지와 편달을 얻어 앞날의 발전을 기하고자 할 따름입니다.

> “
> 우리는 소수의 이익이 아니라
> 다수의 이익을 위해 봉사한다.*
> ”

* 《민족일보》 1면 '창간사'의 제목.

21

4·19 혁명 정신을 기록

4·19 혁명의 기쁨도 잠시 곧 반동의 기류가 거세게 밀려왔으나 지식인들은 침묵하지 않았다. 특히 많은 시인이 혁명을 찬양하거나 지지하는 시를 발표했다. 신동엽의 〈껍데기는 가라〉, 김수영의 〈꽃잎〉, 그리고 박두진의 〈우리들의 깃발을 내린 것이 아니다〉가 대표적이다.

박두진은 해방 이후 한국 문단을 대표하는 서정시인이었다. 조지훈, 박목월과 함께 청록파로 활동하며 그는 자연과 인간의 관계를 탐색했다. 『해』, 『예레미아』, 『오도』 등의 시집으로 시의 정신성과 윤리를 진작시키는 데 기여했다. 그는 단순한 서정시에 머물지 않고, 시를 통해 역사와 사회에 대한 발언을 이어가기도 했다. 그런 점에서 그는 시대의 변화에 응답한 지식인이자 문학을 통해 사회 참여의 본보기가 된 인물이다.

그는 한국문화예술진흥원, 한국문인협회 등 주요 문예 기관에서 활동하며 문화인의 자율성과 사회적 책무를 강조했다. 특히 시와 언론 기고문을 통해 전제 정치와 폭력에 반대하는 목소리를 일관되게 이어 갔다. 시인의 책무는 시대를 정면으로 바라보는 데 있다고 믿었고, 실제로 그런 자세로 살아갔다.

박두진은 〈우리들의 깃발을 내린 것이 아니다〉에서 시대의 변화를 외면하지 않고 저항의 언어로 깃발을 든다. 그는 "이 붉은 선혈로 나부끼는 / 우리들의 깃발을 내릴 수가 없다"라고 선언한다. 단순한 문학적 은유가 아니라 혁명이 지속되기를 바랐다.

시인은 붉은 선혈로 나부끼는 깃발을 내릴 수 없다고 한다. 이는 단지 거리에서 물러난 학생이나 시민에게 보내는 격려가 아니었다. 반동적 정세 속에서 벌어지는 언론 탄압, 정치 개입, 군의 음모에 대한 경계의 메시지였다. 박두진은 절규는 멈추지 않았다고 했고, 외침은 여전히 필요하다고 강조했다. 4·19는 끝난 것이 아니라 진행 중이라는 의지의 표현이었다.

실제로 4·19 혁명 이후 우리나라 정세는 평탄하지 않았다.

우리들의 깃발을 내린 것이 아니다

우리는 아직도
우리들의 깃발을 내린 것이 아니다.
이 붉은 선혈로 나부끼는
우리들의 깃발을 내릴 수가 없다.

우리는 아직도
우리들의 절규를 멈춘 것이 아니다.
그렇다. 그 피불로 외쳐 뿜는
우리들의 피외침을 멈출 수가 없다.

불길이여! 우리들의 대열이여!
그 피에 젖은 주검을 밟고 넘는

불의 노도怒濤, 불의 태풍, 혁명에의 전진이여!

우리들 아직도 스스로도 못 막는

우리들의 피 대열을 흩을 수가 없다.

혁명에의 전진을 멈출 수가 없다.

민족, 내가 사랑하는 조국이여.

우리들의 젊음들.

불이여! 피여!

그 오오래 우리에게 썩어내린

악으로, 불순으로, 죄악으로 숨어 내린

그 면면綿綿한

우리들의 핏줄 속에 맑은 것을 씻쳐내는,

아, 피를 피로 씻고,

불을 불로 사뤄,

젊음이여! 정한 피여! 새 세대여! (…)

아름다운 강산에 아름다운 나라를,

아름다운 나라에 아름다운 겨레를,

아름다운 겨레에 아름다운 삶을 위해,

우리들이 이루려는 민주공화국,

절대공화국,

철저한 민주정체,

철저한 사상의 자유,

철저한 경제균등

철저한 인권평등의,

우리들의 목표는 조국의 승리

우리들의 목표는 지상에서의 승리

우리들의 목표는

정의, 인도, 자유, 평등, 인간애의 승리인,

인민들의 승리인,

우리들의 혁명을 전취할 때까지,

우리는 아직

우리들의 피깃발을 내릴 수가 없다.

우리들의 피외침을 멈출 수가 없다.

우리들의 피불길,

우리들의 전진을 멈출 수가 없다.

혁명이여!*

* 　신경림 편, 『4월혁명 기념시집』, 학민사, 1983, 290~292쪽.

"
우리는 아직도
우리들의 절규를 멈춘 것이 아니다.
그렇다. 그 피불로 외쳐 뿜는
우리들의 피외침을 멈출 수가 없다.
"

22

우리는 정권의 '광대'가 아니다

1969년, 대한민국은 또 한 번의 권력 연장을 위한 개헌과 맞닥뜨렸다. 1967년 6·8 총선을 통해 개헌선을 확보한 박정희는 1969년 9월 14일 새벽에 국회 제3별관에서 대통령 3선을 허용하는 헌법 개정안을 기습 통과시켰다. 이른바 '3선 개헌'이었다.

이승만 정권의 장기 집권이 국민적 저항으로 끝난 지 채 10년도 되지 않은 시점이었다. 그러나 군사 쿠데타로 집권한 박정희는 이승만을 따라 권력을 유지하기 위해 본색을 드러냈다. 국회에서는 날치기로 통과되었고, 정부는 30일의 공고 기간을 거쳐 개헌안을 국민투표에 부쳤다.

1969년 초부터 박정희 정권은 3선 개헌을 본격적으로 추진했다. 그러자 야당인 신민당, 종교계, 학계와 시민사회는 7월 17일, 각계 인사들이 참여하는 '3선개헌반대범국민투쟁위원회범투'를 결성해 개헌 반대 투쟁에 나섰다. '범투' 위원장으로는 기독교계뿐만 아니라 국민의 신망이 높은 김재준 목사가 선임되었다. 개헌 반대 투쟁은 단순한 정치 투쟁을 넘어서 자유, 민주, 헌법 정신의 수호운동으로 확장되었다.

이 시기에 문학·예술계 일부 인사들은 정권의 개헌 강행에 동조하거나 침묵했다. 일부는 직·간접적으로 정권의 입장을 미화했고, 일부는 권력에 부응하는 논조로 언론과 문화 행위를 이어갔다. 정부는 이를 통해 국민의 저항을 누르고, 개헌의 정당성을 포장하려 했다.

예나 지금이나 권력 교체기에는 어용 문학인과 예술인들이 권력의 입맛에 맞는 나팔을 불고 칼춤을 춘다.

범투 위원장 김재준은 1969년 7월에 발표한 「어용으로 현실 부정 왜곡 말도록」이라는 글에서 이런 문학·예술인을 향해 따끔한 일침을 놓았다. 그는 일제의 '문인보국', 공산주의의 선전 문예 활동, 이승만 정권 때의 '만송족'을 예로 들며, 다시는 그 길을 반복하지 말라고 경고했다. 그는 문학과 예술은 정권의 장식품이나 통치 도구가 되어서는 안 된다고 강조하고 현실을 미화하거나 부정하는 데 가담하지 말 것을 요청했다. 지식인의 책임이 그 어느 때보다 절실한 시점이었기 때문이다.

그해 10월 17일, 3선 개헌이 국민투표를 통과하자 3선개헌반대범국민투쟁위원회는 곧이어 막을 내렸다.

어용으로 현실 부정 왜곡 말도록

—문학·예술인들에게

근계謹啓, 민족문화의 수립과 그 발전에 기여하시는 귀하에게 삼가 경의를 표합니다. 취송就悚 본인들이 범국민의 이름으로 국가민족 장래에 있어 일부 몰지각 정사자들이 집권과 세도를 기화로 영원할 조국에 감히 오점을 남기려 하고 있는 3선 개헌의 소행을 분쇄하고자 함은 이미 현찰하고 계신 일입니다.

이제 우리가 외람되이 새삼 귀하들에게 최구催求하고자 하는바 문학예술계에 종사하시는 여러분들로서 과거 군국주의 일본이 소위 '총동원제'를 빙자한 '문인보국'적인 사주라든지 공산주의자들같이 선전적인 부대로 사용하는 일을 상기하여 주시기 바라는 일과 더 가까이는 이승만李承晩의 독재망상 때 이른바 '만송족'으로 낙인찍힌 전철에 관한 일들입니다.

민주국가에 있어서 문학·예술단체란 비록 정부의 재정적 원조를 받는다고 치더라도 그것은 선의의 국가적 보조이지 어느 정권의 도구적인 구실을 하기 위한 '선심'이 아니라는 것은 굳이 설명할 필요도 없으며 또는 개별적으로 그 어떠한 시혜施惠가 있을지라도 거기에는 공사의 혼동이 있을 수 없는 일 또한 소연한 것입니다.

우리는 아득한 옛날에도 시詩가 부정의 선악을 알기 위한 수단으로 모집되었고, 그것이 제왕의 정치를 비판하고 일에 이바지되었지 익찬翼贊하는 송시찬가頌詩贊歌로 구실하지는 않았으며, 그것은 지난번 세계대전에서 프랑스의 저항시인이나 문학·예술인 등이 국가위난에 구국의 정신적 원동력이 된 일 등으로도 능히 알 수 있는 일입니다.

그런데 근간 규지할 수 있는 일은 정권연장의 선전동원상 문학·예술인들의 소위 건설지대 시찰이다. 전시건설의 확장 선전을 위하여 고속도로 등을 주제로 하고 노래를 짓게 하는 등 교묘한 방법으로 작가·작곡인들에게 후사적厚謝的 고료를 미끼 삼아 그 일에 놀아나는 일도 없지 않음을 알고 있습니다.

무릇 문학·예술인은 어느 정권의 '광대'가 아닐 것입니다. 또는 매문가賣文家도 아니고 사상 등 명성쯤에 현혹되어서는 더욱 아니 됩니다. 소위 '어용 시인', '어용 문필인'이란 언제나 그때그때 세력에 편승하는 일종의 주구임을 모면하지 못할 것입니다.

이상과 같은 일은 아예 귀하에게 해당되는 말이 아닌 줄로 믿으오며 신생 대한민국의 현세대를 살아가고 이끌어 가시는 빛나는 지조의 지성인으로서 문학·예술 본래의 사명과 국민의 일원으로서 자칫하면 국민주권이 유린되고 민족만대에 불미한 전례를 남기게 되는바 소위 '3 선 개헌'의 후안무치한 박 정권과 그 추종자들의 틈에서 우유부단하거나 음양으로 편드는 일에서 의연히 그리고 결연히 우리들의 범국민 투쟁 전선에 참여하심을 믿어 마지않습니다.

옛날 역사에서도 볼 수 있듯이 '지조 잃은 자의 서책은 모두 소각하라'는 일도 소연한 바이며 부일협력한 문학·예술인들의 말로도 우리는 눈으로 보고 있을 수 없는 일입니다.

우리는 차제에 이러한 일들을 상기할 필요를 느끼면서 귀하의 명예와 전승을 축원합니다.*

*　김삼웅, 『민족민주민중선언』, 일월서각, 1983, 82~83쪽.

"

무릇 문학·예술인은 어느 정권의 '광대'가 아닐 것입니다. 또는 매문가賣文家도 아니고 사상 등 명성쯤에 현혹되어서는 더욱 아니 됩니다. 소위 '어용 시인', '어용 문필인'이란 언제나 그때그때 세력에 편승하는 일종의 주구임을 모면하지 못할 것입니다.

"

23

끝까지 살아남는 것은?

박정희 정권은 권위주의적 통치 체제를 강화하며 언론과 지성계를 통제했다. 반공을 내세워 사상과 표현의 자유를 억압했고, 비판적 목소리를 내는 진보적 지식인과 청년층은 '불온 세력'으로 규정했다.

1964년 8월, 이런 엄혹한 환경에서 진보적 젊은 지식인들이 월간 《청맥》을 창간했다. 발행인 김진환, 주간 김질락, 편집 책임자 이문규를 중심으로 구성된 《청맥》은 창간사에서 사회 정의를 바로잡고 민족의 올바른 진로를 제고하고 대중과 더불어 호흡할 수 있는 생명력을 다루겠다고 선언했다.

다른 잡지들과 달리 비교적 학술적인 분위기를 풍기면서도 매우 비판적이고 참신한 글을 실어서 청년 엘리트들의 인기를 모았다. 비판적 지성의 실험장뿐 아니라 대학 강사와 대학원생, 기자들이 모여 토론하는 장이 되고, 지성계에 참신함과 청량감을 주었다.

《청맥》은 단순한 문예지나 학술지가 아니었다. 민족과 민주주의, 통일과 정의를 주제로 삼은 시대의 발언이었다. 김질락은 이 젊은 지성인들을 중심으로 '새문화연구회'라는 학술단체를 만들었다.

정권은 이 조직을 불온하게 보았다. 특히 김질락의 '권두언'을 문제 삼았다. 그러던 1968년 8월 24일, 중앙정보부는 결국 이들을 엮어 50여 명을 구속했다. 이른바 '통일혁명당 사건통혁당 사건'이었다.

이 사건으로 《청맥》은 폐간되었고, 김질락과 이문규는 국가보안법 위반 혐의로 사형을 당했다. 신영복과 오병철, 이재학 등은 무기징역을 받고 20년 넘게 복역해야 했다.

정부가 《청맥》에서 문제 삼은 김질락의 글은 「조국은 금치산자」, 「저무는 갑진년에 부친다」, 「4·19여 생동하는가」 등이다.

1964년 12월호에 쓴 「조국은 금치산자」에서 김질락은 해방 이후 외세에 휘둘리고, 분단과 냉전 속에서 자주성을 잃은 조국의 현실을 날카롭게 지적하며, "조국은 의사능력과 행위능력을 상실한 금치산자"라고 비판했다.

조국은 금치산자

—해답 없는 수식

우리는 최후적이며 가장 매력적인 문제에 당면하고 있다. 즉 역사상 존속하는 것이 무엇이며 없어지는 것이 무엇일까? 또 혼란과 변천으로 충만된 잡다한 기록 중에서 영속하는 것이 무엇이며, 무수한 정복과 유린을 넘어서 제국의 몰락과 고대 교리의 점차적인 소멸을 초월하여 존속하는 것이 무엇일까?

그리고 처음부터 각 시대의 과정을 밟아 오면서 끝까지 살아남은 것은 무엇일까?

거짓 없는 역사의 증언을 통해 우리는 그것이 곧 민족임을 알 수가 있다.

민족이란 언제나 혈통과 환경에서 형성되며 조건과 경험에 따라서 변형되는 사회적 생명체다. 생명의 계속성은 고식적인 교리나 사장된 제도를 극복하고 끊임없이 유동 발전한다. 따라서 민족은 가정적으로 없어지는 것이 아니며 끊임없이 쇄신되고 계속성을 갖는다.

민족의 관념은 사회적 통일의 개념보다도 더욱 보편적이며 더욱 현실적인 내용을 갖는 동시에 국가 그 자체와도 같이 포괄성을 갖는다.

시민권이 국가권력에 의하여 부여된 개인의 권리 의무임을 반하여 민족은 관습과 환경에서 싹튼 자연적 발생이다. 때문에 민족을 만드는 어떠한 권력도 없으며 이를 파괴할 권력은 더욱 있을 수 없다. 그러나 열강의 최근사는 제한된 범위 내의 침략으로서는 만족할 수 없는 실력과잉의 현저한 기록이었다.

그들은 그들의 야욕을 채우기 위해서는 수단과 방법을 가리지 않았으며, 강력한 군사력을 배경으로 과학적인 전략과 교묘한 심리작전 및 기만적인 외교전술로써 그들의 세력을 확장하는 데 혈안이 되어 왔었다. 뿐만 아니라 그들의 끈덕진 '부의 공세' 앞에 빈곤한 약소국가들은 무조건 굴복할 수밖에 없었다.

낡은 제국주의의 시대는 가도 새로운 제국주의의 가능성은 완전히 봉쇄되지 못했다. 우리도 이러한 열강의 세력팽창에 희생된 민족이었다.

민족해방을 위한 해내외의 피어린 투쟁이 우리 혁명투사들에 의해 추진되었음에도 불구하고 우리는 마치 패전국의 경우와도 같은 수모를 면치 못했다. 해방 직후 전국에 걸쳐 일어났던 외병外兵에 의한 린치, 폭행, 부녀 강간, 약탈 등 일련의 사건들은 아직도 우리들의 기억 속에 생생하며, 구한말의 정정政情이 그러했듯이 태풍처럼 들이닥친 방대한 외세의 열풍에 휘몰려 우리는 '이것의 앞잡이'가 아니면 '저것의 충복'으로 끌려다녔다. 말하자면 우리들의 조국은 의사능력과 행위능력을 송두리째 상실한 금치산자였다. 모든 문제는 우리들의 밖에서 일어나서 우리들의 밖에서 요리되었고 우리들의 의사표시와 모든 행위는 숨은 대리인에 의하여 임의로 처리되었다. 우리에겐 혈투의 권리주장마저 거부되었고, 우리는 타인의 의사에 맹종하며 생존하는 기구로서 '호츠 푸로그'처럼 고향을 상실하고 말았다. 양심의 제재가 행위를 지배하지 못하고 타율적 세력이 '양심의 체제'를 파괴했다.

역사에 역류하는 저들의 제국관에 도전하여 새로운 민족자결의 운기運機는 고개를 쳐들기 시작했고, 무거운 냉전의 짙은 안개 속에서도 민족의 등불을 밝히는 보헤미안의 행렬은 휴식이 없었다. 문명이 외면했던 암흑대륙에도 민족의 횃불이 크게 타오르고 '내 나라'를 외치는 절규는 오대양과 육대주에 메아리쳤다.

악과 비극의 남북한 20년을 낭비하면서 우리도 한결같이 분단된 조국의 통일을 목마르게 외쳤고, 끊임없이 내 나라 내 겨레의 유일한 주인임을 주장해 왔다. 그러나 해답 없는 수식처럼 우리는 시행착오만을 거듭해야만 했고 조국의 통일문제는 언제나 어느 한계선에서 되돌아서지 않으면 안 되는 터부가 되어 왔었다.*

---

*　　김질락, 「조국은 금치산자」, 《청맥》, 1964년 12월호.

> 민족사적 제과제 해결에 견결한 인소因素며 과정일 수
> 밖에 없는 창조·투쟁·발전을 절규하며 유린된 사회
> 정의를 바로 잡고 민족의 올바른 진로를 제고하며 불
> 패의 정의 편에 서서 민족대의를 고창하고 주권국민
> 의 긍지를 유지하여 대중과 더불어 호흡할 수 있는 생
> 명력을 평이하게 다루어 겨레의 욕구를 발표하고 지
> 표를 제시하는 중임을 맡아 보려 한다.*

---

* 《청맥》의 '창간사' 중에서

종교계의 첫 공개 비판

박정희 대통령은 3선에 성공하고 얼마 지나지 않아 느닷없이 비상사태를 선포하고 '국가보위에 관한 특별조치법보위법'을 강행하여 지배체제를 강화했다. 이는 모두 유신을 위한 준비 과정이었다. 7·4 남북공동선언도 이를 위해 설치한 가설무대였다.

드디어 1972년 10월 17일, 박정희 대통령은 특별성명을 발표하여 국회를 해산하고 정당 및 정치 활동을 중지시켰다. 헌법의 일부 조항들이 정지되었고, 국회와 야당 당사 앞에는 탱크가 배치되었다. 명목은 '국가위기 수습을 위한 비상조치'였으나 실상은 유신 체제의 출범이었다. 쿠데타로 집권한 권력이 다시 친위 쿠데타를 일으킨 것이다.

대한민국은 또다시 민주주의가 짓밟히고 국민은 다시금 공포와 불안에 떨어야 했다. 유신 이후 한국 사회는 긴급조치와 비상계엄에 짓눌렸다. 정치적 반대는 곧 불법 선동으로 규정되었다. 그렇게 유신의 충격은 컸으나 정권의 폭압은 오래 지속되지 못했다.

1973년 여름, 김대중 전 신민당 대통령 후보가 중앙정보부 요원들에 의해 일본에서 납치되는 사건이 벌어졌다. 이 사건 이후 각 대학에서 동맹휴학과 시위가 확산했고, 언론인들은 자유언론실천선언을 발표하며 저항의 목소리를 높이는 등 각계에서 민주화 요구가 봇물 터지듯 번졌다.

이때부터 '양심선언'이 독재 저항의 수단으로 활용되었다. 그 첫 신호탄은 천주교 원주교구장 지학순 주교였다. 1974년 7월 23일, 지학순 주교는 당시 명동 성모병원에 연금된 상태였다. 그 병원에서 기자회견을 열고 유신헌법과 긴급조치를 비판하는 '양심선언'을 발표했다.

이 선언은 유신 체제에 대한 종교계의 첫 공개 비판이었다. 정권은 즉각 지학순 주교를 연행했다. 지학순 주교는 내란선동과 긴급조치 위반 혐의로 징역 15년을 선고받고 구속되었으나, 천주교계의 저항이 심해지면서 이듬해 2월에 석방되었다.

이 일로 큰 충격을 받은 한국 천주교는 9월에 '천주교정의구현전국사제단'을 결성했다. 교구를 초월한 첫 사제 연대였으며, 이후 사제단은 한국 민주화 운동의 주요한 축으로 자리 잡았다.

지학순 주교의 양심선언

　　본인은 1974년 7월 23일 오전 형사 피고인으로 소위 비상군법회의
에 출두하라는 소환장을 받았다. 그러나 본인은 양심과 하느님의 정의
가 허용치 않으므로 소환에 불응한다. 본인은 분명히 말해 두지만 본인
에 대한 소위 비상군법회의의 어떠한 절차가 공포되더라도 그것은 본인
이 스스로 출두한 것이 아니라 폭력으로 끌려간 것임을 미리 밝혀 둔다.

　　1. 소위 유신헌법이라는 것은 1972. 10. 17에 민주헌정을 배신적으
로 파괴하고 국민의 의도와는 아무런 관계없이 폭력과 공갈과 국민투표
라는 사기극에 의하여 조작된 것이기 때문에 무효이고 진리에 반대되는
것이다.

　　2. 소위 유신헌법이라는 것은 국민의 최소한도의 양보도 할 수 없는
기본인권과 기본적인 인간의 품위를 집권자 한 사람의 긴급명령이라는
단순한 형식만 가지고 짓밟는 것이다. 이래서는 인간의 양심이 여지없이

파괴될 것이다.

　　3. 본인이 위반했다고 기소된 소위 대통령 긴급조치 제1호, 제4호는 우리나라의 오랜 역사상 가장 참혹한 자연법 유린의 하나이다. 이것들은 소위 유신헌법의 개정을 청원이나 건의를 금지하고 그러한 개정이 있었다는 것의 보도까지 금지하며, 소위 대통령 긴급조치를 그 자체에 대한 불만이나 반대의사 표시조차 못 하게 하여 이러한 금지를 위반하면 종신 징역 또는 사형에 처할 수 있다는 식이다.

　　4. 본인이 범했다고 그들이 기소한 또 하나의 죄목인 내란선동은 본인이 그리스도교 정신을 올바로 가졌기 때문에 억압받는 청년에게 그리스도교적 정의와 사랑의 운동을 하라고 돈을 준 사실에 대하여 갖다 붙인 조작된 죄목이다.

　　5. 본인을 재판하겠다고 하는 소위 비상군법회의라는 것은 그 스스로 법과 양심에 따라 독립하여 재판할 수도 없는 꼭두각시다. 저들은 지금 수많은 정직한 사람들을 투옥하고 처형하는 데 있어 비상군법회의라 불리는 형사절차의 이름을 빌리고 싶은 것이다. 그러나 울부짖는 피고인들의 목소리는 밖으로 알려지지 않는 동안 통제된 신문들, 통제된 방송들, 통제된 테레비들에서는 소위 검찰관의 증거 희박한 주장만이 사실로 나타났다.*

*　　김삼웅, 『민족민주민중선언』, 일월서각, 1983, 180~181쪽.

교수들의 용기 있는 행동

1975년, 박정희 정권은 긴급조치의 종합판이라 할 수 있는 제9호를 선포했다. 이로써 유신 체제에 대한 모든 비판을 원천 봉쇄했다. 이 조치는 유신헌법의 개정이나 폐지 주장, 관련된 집회와 발언까지 일체 금지하며, 군사정권의 독재를 법규로 정당화했다.

이후 정권은 학원을 직접 통제하기 시작했다. 전국 고등학교와 대학에 학도호국단을 만들고, 중등학교 학생들에게도 군사훈련 같은 교련을 실시하는 등 교육 현장은 점차 병영화되어 갔다.

대학가에는 교수 재임용제가 도입되어 정권에 비판적인 교수들이 해임되거나 강단에서 쫓겨났다. 각 대학의 학보와 정기간행물은 등록을 취소시켜 버렸다.

여기에 그치지 않고 중앙정보부 요원과 사복형사들이 대학교 안까지 들어와 교수와 학생의 동향을 감시했다. 학생들이 정당한 시위를 벌이면 곤봉과 무력으로 과격하게 진압하면서 유혈 사태를 빚기도 했다. 이는 교육자와 지식인의 표현의 자유와 사상적 자율성을 말살하는 폭력이었다.

정권은 국민에게 순응을 강요하고자 1968년부터 국민교육헌장을 교과서에 수록하고, 학생들에게 외우도록 강제했다. 헌장의 내용은 일제 식민교육의 '교육칙어'를 닮았고, 국가주의적 논리와 지도자 우상화를 중심으로 짜여 있었다. 유신 체제를 비호하기 위한 정치적 선전이었다.

1978년 6월, 이를 보다 못한 양심적 교수들이 은밀히 나서서 학원의 자유와 교육의 본질을 되찾기 위한 저항에 나섰다. 연세대학교 해직 교수 성내운과 전남대 송기숙 교수가 초안을 작성한 뒤, 전남대학교 교수 11인의 이름으로 「우리의 교육지표」라는 성명을 발표했다.

김두진, 김정수, 김현곤, 명노근, 배영남, 송기숙, 안진오, 이방기, 이석연, 이홍길, 홍승기 등 서명한 교수 11명 전원은 중앙정보부 전남지부로 연행되었다. 특히 이 성명서의 초안을 작성한 송기숙과 성내운은 긴급조치 제9호 위반 혐의로 구속되었다. 이 사건은 교육계의 집단 탄압 사례로 기록되었다.

우리의 교육지표

자유롭고 평화로운 사회, 한마디로 인간다운 사회는 아직도 우리 현실에서 한갓 꿈에 머물고 있다. 따라서 이러한 현실을 바로 알고 그것을 개선할 힘을 기르는 일이야말로 인간다운 인간을 교육하는 길이다. 그러나 이러한 교육 역시 이 사회에서는 우리 교육자들의 꿈에 머물고 있다.

사람이 사람을 마구 누르고, 자손 대대로 물려줄 강산을 돈을 위해 함부로 오염시키는 풍조가 만연한 가운데, 진실과 인간적 품위를 존경하는 교육은 나날이 찾아보기 어려워 가고 있다. 무상의 의무교육은 빈 말에 그치고 중고등학교에 진학한 학생들도 과밀교실과 이기적 경쟁으로 몸과 마음을 동시에 해치고 있으며 재수생 문제와 청소년 범죄는 이미 걷잡을 수 없는 사회 문제가 된 지 오래다.

그리고 온갖 시련과 경쟁 끝에 들어간 대학에서는 진실이 외면되기가 일쑤고 소중한 인재가 빈번히 희생되고 교육적 양심이 위축되는 등 안타까운 수난을 거듭하고 있다.

대학인으로서 우리의 양심과 양식에 비추어 볼 때 우리의 오늘날 교육의 실패는 교육계 안팎의 모든 국민으로 하여금 자발적인 일치를 이룩할 수 있게 하는 민주주의에 우리의 교육이 뿌리박지 못한 데서 온 것이다.

국민교육헌장은 바로 그러한 실패를 집약한 본보기인바, 행정부의 독단적 추진에 의한 그 제정 경위 및 선포 절차 자체가 민주교육의 근본 정신에 어긋나며 일제하의 교육을 연상케 한다. 뿐만 아니라 그 속에 강조되고 있는 형태의 애국애족 교육도 그냥 지나칠 수 없는 문제를 안고 있다. 지난날의 세계 역사 속에서 한때 흥하는 듯하다가 망해 버린 국가주의 교육사상을 짙게 풍기고 있는 것이다.

부국강병과 낡은 권위주의 문화에서 조상의 빛난 얼을 찾는 것은 잘못이며 민주주의에 굳건히 바탕을 두지 않은 민족중흥의 구호는 전체주의와 복고주의의 도구로 떨어질 위험이 있다. 또 능률과 실질을 숭상한다는 것이 공리주의와 권력에의 순응을 조장하고 정의로운 인간과 사회를 위한 용기를 소홀히 하는 결과가 되어서는 안 된다.

민주주의 교육이 선행되지 않은 애국애족 교육은 진정한 안보에도 도움이 되지 않는다. 민주주의의 실천이 결핍된 채 민주주의보다 반공을 앞세운 나라는 다 공산주의 앞에 패배한 역사를 우리는 알고 있지 않는가?

이 땅에 인간다운 사회를 실천하고자 하는 우리는 격동하는 국내외의 역사 속에서 그 어느 때보다도 슬기롭게 생각하고 용기 있게 행동하는 사명을 띠고 있다.

이에 우리 교육자들은 각자가 현재 처한 위치의 차이와 기타 인생관, 교육관, 사회관의 차이를 초월하여 다음과 같은 우리의 교육지표에 합의하고 그 실천을 다짐한다.

1. 물질보다 사람을 존중하는 교육, 진실을 배우고 가르치는 교육이 제대로 이루어지기 위해 교육의 참 현장인 우리의 일상생활과 학원이 아울러 인간화되고 민주화되어야 한다.
2. 학원의 인간화와 민주화의 첫걸음으로 교육자 자신이 인간적 양심과 민주주의에 대한 현실적 정열로서 학생들을 가르치고 그들과 함께 배워야 한다.
3. 진실을 배우고 가르치는 일에 대한 외부의 간섭을 배제하며, 그러한 간섭에 따른 대학인의 희생에 항의한다. 특히 제적학생의 복교에 힘쓴다.
4. 3·1 정신과 4·19 정신을 충실히 계승하여 겨레의 숙원인 자주 평화 통일을 위한 민족역량을 함양하는 교육을 한다.

1978년 6월 27일

전남대학교 교수

김두진 김정수 김현곤 명노근 배영남 송기숙 안진오

이방기 이석연 이홍길 홍승기*

* 김삼웅, 『민족민주민중선언』, 일월서각, 1983, 304~306쪽.

파괴된 민주질서를 회복해야

민주공화제를 근본부터 전도시킨 유신 체제는 야당은 물론 학생과 문인, 학자, 종교인 등 모든 분야의 사람들로부터 도전을 받았다. 긴급조치를 남발해도 이들은 굽히지 않았다. 민주회복국민회의가 조직되고 자유실천문인협의회, 천주교정의구현전국사제단, 도시산업선교회, '민주주의와 통일을 위한 국민연합'을 비롯해 언론인과 청년단체 등이 시국선언과 시위·농성 등 갖가지 방법으로 저항했다.

일제 강점기에 독립운동가이자 광복군으로 활동한 장준하 역시 몸을 사리지 않았다. 해방 후에는 이승만과 박정희의 독재에 반대하는 투쟁의 맨 앞에 섰다. 자주적 통일과 민주주의 회복이라는 일관된 신념을 갖고 있는 그는 여러 차례 구속과 탄압을 당하면서도 굴복하지 않았다.

당시 김수한 추기경은 장준하를 우리나라가 참되게 통일되는 것을 간절히 바라고, 또 이를 거스르는 모든 세력은 물론 불의와 부정과 독재에 대항해서 목숨을 걸고 싸운 사람이라고 말했다.

1975년 1월 8일, 장준하는 박정희 대통령에게 장문의 공개 서한을 보냈다. 정면 승부를 택한 셈이었다. 이전까지는 시국 강연이나 기고문을 통해 간접적으로 비판하던 그였지만, 긴급조치 아래 언론·강연·출판이 모두 막히자 대통령을 향해 직접 목소리를 전하기로 했다. 당시 그의 글을 싣거나 전해 줄 신문과 방송, 잡지 등 언론은 없었고, 대중 강연도 금지되었다. 침묵을 강요당하자 이를 거부하며 저항했다.

공개 서한에서 장준하는 7·4 남북공동성명의 감격을 회고하며, 한때는 박정희 대통령에게 기대와 찬사를 보냈던 사실을 솔직하게 밝혔다. 그러나 유신헌법은 그 기대를 무참히 무너뜨렸다고 비판했다. 그는 1인 독재체제의 위험을 꿰뚫으며, 헌정 질서 파괴와 민주주의 부정에 대해 강력히 경고했다.

장준하는 그해 8월에 포천 약사봉에서 의문사로 숨을 거두었다. 공식 발표는 '등산 사고'였지만, 정치적 타살 의혹이 강하게 제기되었다.

박 대통령에게 보내는 공개 서한

조국이 광복을 되찾은 지도 올해로 꼭 30년이 됩니다. 해방의 감격이 민족의 분단이란 새로운 비극으로 전환된 이래 30여 성상, 우리 민족은 여전히 민족적 염원인 조국통일도 성취치 못하고, 국민적 여망인 민주주의조차도 이 땅에 토착화시키지 못한 채, 적대와 긴장 그리고 분열과 갈등 속에서 헤어나지 못하며 암울한 세월을 보내고 있었습니다.

이러한 우리 민족에게 너무나도 충격적인 일이 지난 1972년 7월 4일에 일어났습니다. 남북이 민족문제를 자주평화통일로 발전시킬 것을 합의했다는 이른바 '남북 공동성명'이 바로 그것입니다.

5·16 군사정변 이후 귀하의 정치노선에 계속 비판적이었던 본인도 벅찬 감격으로 통일을 위한 남북대화가 기필코 성공되기를 기원하면서 귀하가 처한 역사적 결단에 찬사와 성원을 아끼지 않았던 것입니다.

그때 본인은 세계사적 조류와 국제적 조건을 주체적으로 극복해서 다시는 외적 조건이 우리를 결정하지 못하게 하고, 전변하는 외적 조건을 우리는 자결의 계기로 삼아야 한다고 생각했습니다. 그러기에 민족의 실체인 남북한 민중의 민주적 참여가 있어야 함을 강조한 바 있었습니다. 그러나 이 같은 우리의 모든 기대와 감격은 그해 10월 17일 이른바 '유신'이란 이름으로 무참히도 무산되고 말았습니다.

국헌을 준수한다고 서약한 귀하 스스로가 그 선서를 헌신짝같이 버리고 헌법기관의 권능을 정지시키고, 헌법제정 권력의 주체인 국민을 강압적인 계엄하에 묶어 놓고 '국민투표'라는 요식행위를 통해 제정한 소위 '유신헌법'으로 명실상부하게 귀하의 일인독재 체제만을 확립시켰습니다. 이렇게 하여 통일에의 부푼 국민의 기대는 민주헌정의 파괴와 일인독재라는 참담한 결과로 둔갑해 버렸습니다.

뒤늦게나마 조국통일에의 의지와 스스로의 자유와 생존을 지키고 키우기 위해서는 소위 '유신체제'를 폐지하여야 하고, 그 근본규범인 현행 헌법을 완전히 민주헌법으로 개정하여 민주헌정 질서를 회복하는 길밖에 없음을 분명히 깨닫고 굳게 믿는 인사들이 '개헌청원 백만인 서명운동'을 일으켜 실천운동에 옮기는 데 이르렀던 것이 1973년 12월 24일이었고, 이 운동은 요원의 불길같이 번져 불과 10여 일 만에 서명자 40만 돌파라는 놀라운 기록으로 나타나게 되었습니다. 그러나 이러한 합법적 민의民意 운동에 대해 귀하는 '긴급조치'라는 초현실적이며 초헌법적 권력을 발동하여 민주개헌을 위한 평화적인 청원운동을 무자비하게 탄압하여 실질적으로 무헌법 사태를 초래하였습니다.

　그러나 이러한 강압과 폭정에도 불구하고 '유신체제'에 대한 저항과 민주개헌에의 열화 같은 국민적 요구는 더욱더 확대되어 가고 심화되어 가는 형편입니다. 현재와 같은 여건에서의 '민주회복'의 성취는 이제 비평화적인 불행한 방법밖에 없다는 체념이나, 폭력에의 유혹에 빠질 수 있는 다수의 국민에게 '민주회복'을 위한 비폭력, 합법의 방법이 있음을 귀하 스스로가 설득하고 조속히 실천으로 옮겨야 할 단계에 이르렀음을 알려드립니다.

　정부가 입버릇같이 항상 외우고 있는 북으로부터의 위협에 대한 협박이나 국제적 경제불황의 핑계, 또는 부정부패 일소라는 구호, 혹은 선심공세 같은 것으로써 이 국민적 욕구가 수습될 단계는 이미 아님을 다시 밝혀 둡니다.

　본인은 북으로부터의 위협이나 경제적 위기, 또는 국제 간의 고립보다도 바로 이 사태가 지금 우리가 당면한 최대의 국난이라 생각하며 이 어려운 국난을 성공적으로 극복할 수 있는 길은 오직 파괴된 민주질서를 급속히 평화적으로 회복하는 데 있다고 굳게 믿는 바입니다.

　민주주의만이 북과 대결할 수 있는 우리의 정신적 지주요, 도덕적 바탕인 것입니다. 이에 본인은,

　一. 파괴된 민주헌정의 회복을 위해 대통령 자신이 개헌을 발의하되 민족통일의 기초가 될 수 있는 완전한 민주헌법으로 하여 이 헌법에 의해 자신의 거취를 지혜롭고 영예롭게 스스로 택함은 물론 앞으로 올 모든 집권자들의 규범으로 삼게 할 것.

一. 긴급조치로 구속된 민주인사와 학생들을 전원 무조건 석방할
것.

一. 학원·종교·언론 사찰을 즉각 중단하고 야비한 정보정치의 수법
인 이간, 분열공작으로 더 이상 불신풍조와 상호배신 행위의 습성을 우
리 사회에 조장하지 말 것.

一. 자유언론에 대한 비열하고 음흉한 탄압정책을 즉시 철회할 것.

一. 정부의 경제적 실책으로 가중되는 당면한 민생문제를 해결하고
사회정의를 구현할 수 있는 획기적인 경제정책을 강구할 것.

一. 한반도의 긴장완화와 평화통일을 위한 이상적이고 현실적이고
적극적인 통일정책을 수립 추진하되 민중의 대표가 참여할 수 있도록
할 것.

박 대통령 귀하,

이 지구상에는 수백억의 인간이 살다 갔습니다. 그중에 '가장'이 되
었던 사람들은 누구나 "내가 죽으면 내 집이 어찌 되겠는가"라는 걱정을
안고 갔습니다. 그러나 인간 사회는 발전하여 왔습니다. 우리들도 예외
일 수는 없습니다.

귀하의 건강과 우리 국민과 우리 민족의 밝은 내일을 기원하면서
이 글을 이것으로 줄이고자 합니다.*

---

*   김삼웅, 『민족민주민중선언』, 일월서각, 1983, 254~256쪽.

신선한 바람 같은 언어

1972년 10월 17일, 박정희 대통령은 국가비상사태를 선포하며 대통령 특별선언을 발표했다. 이 선언의 주요 내용은 대통령에게 입법·사법·행정권을 집중시키고, 국회의 기능을 정지시키는 등 헌정 질서를 무력화하는 것이었다. 유신 체제의 출범으로 정당 활동은 중단되었고, 언론 자유도 크게 침해되었다.

대한민국이 잔뜩 움츠려 있던 그해 10월, 문학 전문 월간지《문학사상》이 창간되었다. 이는 강화되는 국가 권력의 억압에 맞선 문화적 대응이었다. 이를 창간한 사람은 이어령이고, 초대 발행인이자 편집인은 김봉규였다. 이어령은 당시 문학과 언론계를 아우르는 지식인이었기에 이 월간지는 문단뿐만 아니라 일반 사람들의 관심도 많이 받았다.

《문학사상》은 이후 이상문학상 제정과 신인 발굴 등으로 문학계에서 중심적인 역할을 했다. 1990년대까지 대표적인 문예지의 하나로 자리 잡았으나, 재정난이 이어지면서 결국 2024년 4월호를 마지막으로 휴간되었다. 속간을 추진한다는 보도가 있었지만 아직 속간되었다는 소식은 들리지 않는다.

창간호에 실린 창간사 「이들을 위하여」는 이어령이 직접 쓴 글로, 이 잡지의 방향성과 문학의 사명을 함께 제시한 선언문이다. 글의 대상은 권력자나 지식인이 아닌, 고통받는 민중이었다. 병상에서 회복을 기다리는 환자, 매연 속에서 시들어 가는 들꽃을 지켜보는 이들, 위선과 허위의 지식에 염증을 느낀 사람들, 폭력을 거부하고 불의에 '아니'라고 말하는 시민 등이 구체적으로 열거되었다.

글은 계층적·사회적 취약자들을 향한 문학의 시선을 강조하며, 문학의 공적 역할을 재확인했다. 유신 체제의 억압적 구조 속에서도 글은 위축되지 않았고, 오히려 문학이 누구를 위해 존재하며, 어떤 사람들을 품고 위로해야 하는지를 돌아보게 한다. 또 문학의 역할과 표현의 자유가 갖는 의미를 깨닫게 해 준다.

이들을 위하여

　　분노의 주먹을 쥐다가도 결국은 자기 가슴이나 치며 애통해하는 무력자들을 위하여, 지하실처럼 어두운 병실에서 5월의 푸른 잎을 기다리는 환자들을 위하여, 눈물 없이는 한술의 밥숟가락을 뜨지 못하는 헐벗은 사람들을 위하여, 위선에 지치고 허위의 지식에 하품을 하고 사는 권태가를 위하여, 돈이나 권력보다 더 소중한 사랑이 있다는 것을 알면서도 하는 수 없이 사람들의 뒷전을 쫓아가는 소시민들을 위하여, 폭력을 거부하며 불의를 향해서 '아니'라고 고개를 흔드는 사람들을 위하여, 요한처럼 광야에서 홀로 외치는 예언자들을 위하여, 쓰레기터에 살면서도 아름다운 것을 참으로 아름다운 것을 목마르게 갈구하는 미의 순교자들을 위하여, 무기고나 식량창고보다는 영혼의 언어가 담긴 한 줄의 시를 더 두렵게 생각하는 사람들을 위하여, 개를 개라 부르고 구름을 구름이라고 명백하게 부를 줄 아는 대중들을 위하여, 텅빈 공허가 깔려 있는 월급 봉투와 아내의 시장바구니 속에서도 내일의 꿈을 찾는 사람들을 위하여, 민들레와 진달래와 도라지, 박꽃, 냉이꽃들이 매연 속에서 시들어 가는 것을 고향처럼 지켜보고 있는 이들을 위하여, 오늘보다는 내일을 위해 허리띠를 조르는 사람들을 위하여, 나날이 무거워지는 저금통처럼 자기 머릿속에 지식을 축적해 가려는 사람들을 위하여, 사람들이 다 기진맥진하여 절망의 흙구덩 속에 무릎을 꿇을 때 뜻밖에 나타난 기병대의 그 나팔수 같은 사람들을 위하여, 그리고 또한 미래의 입법자, 심야에서도 눈을 뜬 불침번, 도굴자를 막는 묘지의 파수꾼, 소돔성의 롯과 7백의총에 묻힌 의병—이렇게 남과 다른 생을 살고자 하는 이웃들을 위하여, 우리는 역사의 새로운 언어와 입법을 만들어 가는 이 작은 잡지를 펴낸다. 그리하여 상처진 자에게는 붕대와 같은 언어가 될 것이며, 폐를 앓고 있는 자에게는 신선한 초원의 바람 같은 언어가 될 것이다. 종의 언어가 될 것이다. 지루한 밤이 가고 새벽이 어떻게 오는가를 알려 주는 종의 언어가 될 것이다.*

---

* 《문학사상》 창간호, 문학사상사, 1972.

28

언론통제를 전면 거부한다

1974년, 박정희 정권은 헌정 파괴적 조치를 연속적으로 단행하며 사회 전체를 철저히 통제했다. 1973년 12월부터 전개된 재야의 '개헌청원 100만인 서명운동'이 국민적 관심과 지지를 얻으며 확산하자 정부는 1월 8일에 긴급조치 1호와 2호를 선포하여 이를 짓눌렀다.

서명에 참여한 문인들과 개헌 지지 성명을 발표한 인사들에게는 '문인 간첩단 사건'이라는 날조된 혐의가 씌워졌다. 이 성명에 서명한 임헌영과 이호철을 비롯해 김우종, 장을병, 장병희 등이 구속되었다.

같은 해 봄, 전국민주청년학생총연맹민청학련이라는 단체가 불온 세력의 조종을 받아 국가를 전복시키고 공산정권을 수립하려 했다는 이유로 관련자 180명이 구속되었다. 이 사건을 계기로 긴급조치 4호가 선포되었다. 유신 체제 반대 활동은 전면 금지되었고, 대학가의 시위와 반정부 성명은 '국가 전복 기도'로 간주되었다.

박정희 정권은 민청학련의 배후에 '인혁당 재건위'가 있다고 지목하며 제2차 인혁당 사건을 조작·발표했다. 이듬해에 도예종과 서도원 등 '인혁당 재건위 사건' 관련자들 8명에 대한 사형을 집행했다.

이러한 상황에서 언론은 침묵과 자기검열에 빠졌다. 당시 언론 내부에서는 '연탄가스 중독론'이 회자되었다. 이는 연탄가스가 자각 증상 없이 치명상을 입히듯, 언론인도 자각 없이 순응하며 언론의 사명을 잊은 채 권력에 길들여지는 현실을 빗댄 자조적 표현이었다.

1974년 10월 24일, 《동아일보》 기자들이 언론의 책임과 역할을 회복하기 위해 성명을 발표했다. 「자유언론실천선언」이었다. 언론계 내부에서 자발적으로 시작된 최초의 집단 저항이었고, 이후 자유언론 운동의 기점이 되었다.

정권과 경영진의 대응은 가혹했다. 정치적 압력을 받은 광고주들은 광고를 철회했고, 회사는 '경영상 이유'로 기자들을 해고했다. 1975년까지 해고된 기자는 100명이 넘었고, 이들은 이후 자유언론실천재단, 민주언론운동협의회 등을 결성해 언론개혁 활동을 이어갔다.

자유언론실천선언은 언론통제를 정면으로 거부한 발언으로, 언론 자유는 이를 지키기 위한 실천이 따를 때 유지된다는 점을 일깨운다.

자유언론실천선언

우리는 오늘날 우리 사회가 처한 미증유의 난국을 극복할 수 있는 길이 언론의 자유로운 활동에 있음을 선언한다.

민주사회를 유지하고 자유국가를 발전시키기 위한 기본적인 사회기능인 자유언론은 어떠한 구실로도 억압될 수 없으며 어느 누구도 간섭할 수 없는 것임을 선언한다.

우리는 교회와 대학 등 언론계 밖에서 언론의 자유회복이 주장되고 언론인의 각성이 촉구되고 있는 현실에 대하여 뼈아픈 부끄러움을 느낀다.

본질적으로 자유언론은 바로 우리 언론종사자들 자신의 실천 과제일 뿐 당국에서 허용받거나 국민대중이 찾아다 쥐어주는 것이 아니다.

따라서 우리는 자유언론에 역행하는 어떠한 압력에도 굴하지 않고 자유민주사회 존립의 기본요건인 자유언론실천에 모든 노력을 다할 것을 선언하며 우리의 뜨거운 심장을 모아 다음과 같이 결의한다.

1. 신문, 방송, 잡지에 대한 어떠한 외부 간섭도 우리의 일치된 단결로 강력히 배제한다.
1. 기관원의 출입을 엄격히 거부한다.
1. 언론인의 불법연행을 일체 거부한다. 만약 어떠한 명목으로라도 불법연행이 자행되는 경우 그가 귀사할 때까지 퇴근하지 않기로 한다.

1974년 10월 24일 동아일보사 기자 일동*

---

* 『동아 자유언론 실천운동 백서』, 동아일보사 노동조합, 1989, 56쪽.

29

자유민주주의가 문 앞에 있다

1979년 10월 26일, 박정희 대통령이 궁정동 안가에서 자기 부하인 김재규 중앙정보부장이 쏜 총탄에 맞아 숨을 거두었다. 이 사건으로 쿠데타를 일으켜 권력을 잡은 뒤 18년 동안 무소불위의 권력을 휘두르던 독재자가 사망하고, 강고한 철벽으로 여겨지던 유신 체제가 막을 내렸다.

김재규가 박정희를 암살한 동기에 대한 평가는 다양한 해석이 존재하지만, 당시 그가 직접 밝힌 입장은 명확하다. 그는 유신헌법 체제에 대한 반발과 자유민주주의 회복을 동기로 들었다. 특히 1979년의 정국은 부마항쟁에서 알 수 있듯 민심이 등을 돌리고 있었고, 야권 탄압과 언론·사법·입법의 기능 상실 등 정치적 폐쇄성이 심해지고 있었다. 김재규는 유신 체제 아래에서 국민의 자유가 억압되고, 통치가 국민을 위한 것이 아니라 권력 유지를 위한 도구로 전락했다고 판단했다.

　김재규는 사건 직후 내란목적살인 등의 혐의로 군사법정에 세워졌다. 1979년 12월 19일, 육군본부 비상계엄 보통군법회의 법정에서 1심 재판이 열렸고, 김재규는 재판이 끝날 즈음 최후진술 기회를 얻었다. 그는 자신의 입장과 심경 등을 직접 솔직하게 밝혔다. 이 진술은 유신 체제의 성격과 독배 권력의 구조를 내부에서 고발한 것으로, 10·26 사건을 이해하는 데 중요한 자료로 평가받는다.

　김재규는 이 진술에서 유신 체제의 위헌성과 반민주성을 지적하며, 자신이 행동한 동기는 자유민주주의 회복이었다고 밝혔다. 군사정권은 이런 주장을 받아들이지 않았다. 김재규는 1심에서 사형을 선고받았고, 이후 항소와 상고가 모두 기각되며 사형이 확정되었다.

　다만, 대법원 심리 과정에서 양병호와 서윤홍 판사가 '내란 목적 살인죄'에 대한 반대 의견을 냈고, 최종 판결 때도 민문기 등 6명의 판사가 내란죄 불성립 의견을 냈다. 이 판사들은 1980년 전두환의 5·17 쿠데타 이후 모두 강제 사직당했다.

　1980년 5월 24일 새벽, 광주 민주화 운동이 벌어지던 중에 김재규는 경기도 광주교도소에서 사형이 집행된 뒤 남한산성 공원묘지에 묻혔다. 그의 최후진술에 대한 해석은 여전히 분분하다. 최근 유족의 신청으로 재심이 진행 중이다.

김재규의 '1심 최후진술'

최후진술할 기회를 줘서 고맙다. 목이 잠겨 말을 제대로 못 하겠지만 끝까지 말하겠다.

본인은 지금 내란죄로 기소되어 재판을 받고 있다. 우리나라는 그동안 합법적인 민주당 정권이 5·16에 의해 전복되었다. 유신도 또 하나의 혁명이었다고 본다. 왜냐하면 자유민주주의를 말살하는 것이었기 때문이다. 10·26 혁명은 건국이념과 국시에 어긋나지 않으며, 민주적 기본질서를 회복하고 6·25를 통해서 수난을 겪고 생명을 바쳐 지켜온 자유민주주의를 지키기 위한 것이었다. 왜 내가 내란죄로 재판을 받아야 하는가.

10·26 혁명은 순수하고 깨끗하다. 정권욕도 없고 사리사욕도 없었다. 그 결과 자유민주주의의 회복이 보장되었다. 최 대통령은 민주회복을 공약했고 대통령은 현 임기를 채우지 않고 도중에서 그만두겠다고 말했다. 이는 과도정부를 뜻한다. '과도'란 자유민주주의로 가는 과도

란 뜻이다. 10·26 혁명의 목적은 달성했고 성공했다. 10·26 혁명이 없었다면 긴급조치가 해제되었겠는가. 이것은 10·26 혁명의 성공을 입증한다. 5·16과 10월 유신에 비하면 10·26 혁명은 정정당당하다. 서슬이 시퍼런 유신 체제에 정면으로 도전하여 타파한 것이다. 이는 민주회복 혁명의 완전한 성공이다. 무혈혁명은 최선이다. 그러나 무혈혁명이 안 되면 최소한의 희생은 불가피하다. 박 대통령과 민주주의 회복은 숙명적인 대결관계이다.

그의 희생 없이는 민주회복을 할 수 없었다. 박 대통령을 잃은 것은 마음아프고 가슴아픈 일이다.

유신 이후 7년이 경과하면서 영구집권을 다져 박 대통령이 살아 있는 한 20년 내지 25년까지는 민주회복이 될 수 없었다. 국민들의 많은 희생을 막기 위해 내가 혁명을 한 것이다.

우리는 지금 감상적이며 감정이 앞서고 있다. 내가 이 자리에서 내란죄로 심판을 받는 것도 그 때문이다. 우리는 감정에 치우치지 말고 정치현실에 냉혹한 자세로 임해야 한다. 나는 판례를 중히 여긴다. 앞으로 내 스스로 생명을 구걸하기 위해 변호하는 것은 아니다. 대장부로 태어나 죽을 수 있는 명분을 찾았다. 나는 죽어도 영생한다. 10·26 혁명의 이념을 밝히기 위해 법이 허용하는 한 투쟁하겠다. 5·16 혁명과 10월 유신이 범법이 아니라면 10·26 혁명도 범법이 결코 아니다. 10·26 혁명은 의미 있는 혁명이다. 자유민주주의와 건국이념 및 국시는 수난을 겪으면서도 지켜왔고 어떤 이유로도 말살될 수 없다.

10월 유신은 자유민주주의를 말살했다. 10월 유신은 국민을 위한 것이 아니고 박 대통령 한 사람을 위한 것이다. 대통령도 자유민주주의를 말살하지 못했고, 자유민주주의는 누구에게도 빼앗길 수 없다.

체제 반대와 민주회복의 소리가 높아가고 긴급조치가 발동됐고 많은 사람이 구속됐다. 민주회복의 불길은 꺼지지 않았고 계속 오르고 있다. 정보부장으로서 파악한 바에 의하면 유신 체제를 유지하자면 정부와 국민 간에 치열한 공방전이 예상됐다. 이 대통령과 박 대통령을 비교해 보자. 본인은 이를 잘 알기 때문에 유신 체제의 지주를 담당했던 내가 방관할 수 없어 원천을 두드려 깬 것이다.

이 혁명의 의미는 다섯 가지가 있다.

첫째, 자유민주주의를 회복하는 것이다.

둘째, 국민들의 보다 많은 희생을 최소한으로 막는 것이다.

셋째, 적화를 방지하는 것이다.

넷째, 건국 이래 최고로 악화된 대미관계를 개선하고 민주회복이 되어야 경제·외교·국방 면에서 정상화된다.

다섯째, 국제적으로 독재하는 나쁜 의미 때문에 고립되어 있는데 민주회복을 하여 고립에서 벗어날 수 있다.

이 모든 것이 10·26 혁명으로 보장되었다. 확실히 말할 것이 있다. 나는 대통령이 될 생각을 안 했다. 나는 군인이요 혁명가다. 군인이 집권하면 독재자가 된다. 나는 대통령을 죽이고 그 무덤 위에 올라설 정도로 도덕적으로 타락하지 않았다. 혁명은 결행했으나 혁명과업은 완수하지 못했다.

18년 동안 쌓인 쓰레기가 많아 설거지를 해야 한다. 4대 의혹 사건은 국민을 우롱했으며 많은 치부를 하고도 아무도 책임지지 않았다. 6·3 데모는 그래서 일어났다. 재산을 회수해야 하며 이를 설거지해야 한다. 지금 우리나라에는 핵심이 없다. 가장 위험한 상태이다. 악순환이 또 올지도 모른다. 이것을 나만이 막을 수 있다. 군의 지휘관과 협력하여 국민을 지도할 생각이었다. 순리적 정권교체가 이루어지지 않는다면 4·19, 5·16과 같은 악순환이 거듭될 것이다. 군의 세력과 손잡고 민주주의를 토착화하려 했다.

최 대통령에게 바란다. 자유민주주의는 대문 앞에 와 있는데도 문을 열지 않고 있다. 문을 열어 놔라. 빨리 정권을 이양하여 혼란을 막아라. 자유당 때의 혼란은 부정선거나 국민의혹 사건 때문에 일어난 것이지 민주주의 때문에 혼란이 온 것은 아니다. 과도기간은 3~5개월이면 충분하다. 빨리 민주회복을 하지 않으면 내년 3~4월경 전국적으로 민주회복운동이 일어날 것이다.

입법부에 바란다. 진정한 국민의 대변기관이라면 국민의 갈망에 따라 10·26 혁명 지지 결의를 해야 한다. 만일 이를 하지 않으면 자유민주주의를 위해 무엇을 했느냐고 후손들이 물을 것이다. 뒤늦은 긴급조치 해제 건의는 치욕적인 것이었다. 더 긴급한 것은 자유민주주의를 회복하는 것이다. 나는 모든 것을 체념했지만 나의 행동으로 혼란이 오고 국가가 흔들릴까 염려된다.

최 대통령에게 부탁하고 싶은 것은 지금 감상에 젖지 말고 나를 끌어내어 혁명과업을 같이 수행하자. 국가를 반석 위에 올려놓자. 냉혹하게 정치현실을 전망하며 국사를 그르치는 일이 없기를 바란다.

재판부에 바란다. 피곤하면서도 끝까지 경청해 주셔서 세상을 하직할 때까지 고마운 마음을 간직하고 가겠다. 자유민주회복은 이 혁명으로 20~35년은 앞당겨졌다는 자부를 갖고 있을 뿐이다.

대한민국을 위한 만만세!

10·26 혁명에 대한 만만세!

자유민주주의 만만세!

하직하면서 민주회복을 못 봐 한이다. 모든 것이 기약됐으니 웃으며 간다. 이것이 나의 소신이다. 나에게 알맞은 형벌을 달라.

착하고 양같이 순한 나의 부하들은 비록 일을 저질렀지만 그 모든 원천이 나에게 있다고 생각한다. 많은 사람을 희생해서 법이 바로 서는 것이 아니고 중정부장을 지낸 바 있는 나 하나만으로 족하다. 나에게는 극형을 내려주고 나머지 사람에게는 관대한 처분을 바란다. 특히 박흥주 대령은 매우 착실하고 가정적으로 모범적인 사람인바 단심을 고려하여 군에서는 근무하지 못해도 사회에서 봉사할 수 있도록 극형만은 면제해 주기 바란다.

1979년 12월 19일*

* 　김삼웅, 『서울의 봄 민주선언』, 일월서각, 1987, 198~200쪽.

"
확실히 말할 것이 있다. 나는 대통령이 될 생각을 안 했다. 나는 군인이요 혁명가다. 군인이 집권하면 독재자가 된다. 나는 대통령을 죽이고 그 무덤 위에 올라설 정도로 도덕적으로 타락하지 않았다. 혁명은 결행했으나 혁명과업은 완수하지 못했다.
"

30

더 이상 당할 수는 없다

1980년 5월 18일, 전두환 군부의 무력 투입으로 시작된 광주 민주화 운동은 한국 현대사에서 독재 권력에 저항했던 가장 격렬했던 순간으로 기록된다.

당시 신군부는 유신 체제를 계승한 비상계엄 전국 확대 조치를 통해 정권을 장악한 뒤, 계엄군을 광주에 투입해 시민들을 폭력적으로 진압했다. 계엄군의 무차별 발포와 민간인 살상, 헬기 사격, 강제 연행과 고문 등은 유례없는 국가 폭력이었다.

4·19 혁명이나 부마항쟁 등에서 국민은 비폭력 방식으로 저항했다. 그러나 광주는 달랐다. 광주시민들은 전두환 군부의 무차별적 학살에 참지 않고 무장을 선택했다. 정당방위 차원이었다. 5월 21일부터 시민군 조직이 본격적으로 결성되었고, 시민들은 무기를 확보해 계엄군의 학살에 맞섰다.

5월 25일, 시민군과 시민 대표들은 전남도청 앞에서 '제3차 민주시민 궐기대회'를 열었다. 시민 약 5만 명이 참석한 궐기대회에서 시민군은 「광주시민군 궐기문—우리는 왜 총을 들 수밖에 없었는가?」를 발표했다. 이 궐기문은 항쟁의 정당성을 시민의 입장에서 분명하게 밝힌 글이다.

궐기문에서 시민군이 "왜 총을 들 수밖에 없었는가?"라는 질문에 답을 들려준다. 대답은 간단했다. "너무나 무자비한 만행을 더 이상 보고 있을 수만 없어서 너도나도 총을 들고 나섰던 것"이었다. 무기는 공격이 아닌 생존을 위한 방패였고, 무장은 국가 폭력에 대한 최후의 대응이었다. 이 선언은 시민군이 폭도가 아닌 책임 있는 시민임을 분명히 했다.

시민군은 또 군부가 평화적 집회와 시민의 자율적인 대응을 폭동으로 매도하고, 광주를 고립시키고 있다고 비판했다. 이들은 외부 세계에 광주의 진실이 닿기를 바라며, "평화를 원하며, 대화를 원한다"라는 입장을 명확히 밝혔다.

광주항쟁은 결국 5월 27일, 진압군이 전남도청으로 진입하면서 종료되었다.

광주시민군 궐기문

— 우리는 왜 총을 들 수밖에 없었는가?

먼저 이 고장과 민주주의를 수호하기 위해 피를 흘리며 싸우다 목숨을 바친 시민, 학생들의 명복을 빕니다.

우리는 왜 총을 들 수밖에 없었는가? 그 대답은 너무나 간단합니다. 너무나 무자비한 만행을 더 이상 보고 있을 수만 없어서 너도나도 총을 들고 나섰던 것입니다. 본인이 알기로는 우리 학생들과 시민들은 과도정부의 중대발표와 또 자제하고 관망하라는 말을 듣고 학생들은 17일부터 학업에, 시민들은 생업에 종사하고 있었습니다.

그러나 정부당국에서는 17일 야간에 계엄령을 확대 선포하고 일부 학생과 민주인사, 정치인을 도무지 믿을 수 없는 구실로 불법 연행했습니다. 이에 우리 시민 모두는 의아해했습니다. 또한 18일 아침에 각 학교에 공수부대를 투입하고 이에 반발하는 학생들에게 대검을 꽂고 '돌격, 앞으로'를 감행하였고, 이에 우리 학생들은 다시 거리로 뛰쳐나와 정부

당국의 불법처사를 규탄하였던 것입니다.

그러나, 아! 이럴 수가 있단 말입니까? 계엄당국은 18일 오후부터 공수부대를 대량 투입하여 시내 곳곳에서 학생, 젊은이들에게 무차별 살상을 자행하였으니! 아! 설마, 설마! 설마 했던 일들이 벌어졌으니, 우리의 부모형제들이 무참히 대검에 찔리고, 귀를 잘리고, 연약한 아녀자들이 젖가슴을 잘리우고 차마 입으로 말할 수 없는 무자비하고도 잔인한 만행이 저질러졌습니다. 또한 나중에 알고 보니 군당국은 계획적으로 경상도 출신 제7공수병들로 구성하여 이들에게 지역감정을 충동질하였으며, 더구나 이놈들은 3일씩이나 굶기고 더군다나 술과 흥분제를 복용시켰다 합니다.

시민 여러분!

너무나 경악스런 또 하나의 사실은 20일 밤부터 계엄당국은 발포명령을 내려 무차별 발포를 시작했다는 것입니다. 이 고장을 지키고자 이 자리에 모이신 민주시민 여러분! 그런 상황에서 우리가 할 수 있는 일이 무엇이겠습니까? 우리가 어떻게 해야 되겠습니까? 묻고 싶습니다. 우리는 더 이상 당할 수만은 없었습니다. 그래서 우리는 이 고장을 지키고 우리 부모형제를 지키고자 손에 손에 총을 들었던 것입니다. 그런데도 정부와 언론에서는 계속 불순배, 폭도로 몰고 있습니다.

여러분!

잔인무도한 만행을 일삼았던 계엄군이 폭돕니까, 이 고장을 지키겠다고 나선 우리 시민군이 폭돕니까? 아닙니다. 그런데도 당국에서는 계속 허위날조, 유포하는 데 혈안이 되어 있습니다.

시민 여러분!

우리 시민군은 온갖 방해에도 불구하고 여러분의 안전을 끝까지 지킬 것입니다. 또한 협상이 올바른 방향대로 진행되면 우리는 즉각 총을 놓겠습니다. 일부에서는 우리 시민군에 대해 오해가 많은 것 같습니다.

민주시민 여러분!

우리 시민군을 절대 믿어 주시고 적극 협조해 주시기 바랍니다. 감사합니다.*

---

* 『선언으로 본 80년대 민족민주운동』, 《신동아》 1990년 1월호 별책부록, 동아일보사, 1990, 28~29쪽.

"

너무나 경악스런 또 하나의 사실은 20일 밤부터 계엄
당국은 발포명령을 내려 무차별 발포를 시작했다는
것입니다. 그런 상황에서 우리가 할 수 있는 일이 무
엇이겠습니까? 우리가 어떻게 해야 되겠습니까? 묻고
싶습니다. 우리는 더 이상 당할 수만은 없었습니다. 그
래서 우리는 이 고장을 지키고 우리 부모형제를 지키
고자 손에 손에 총을 들었던 것입니다.

"

31

'한살림 운동'의 사상적 기초

1980년대 중반, 한국 사회는 산업화의 급류 속에서 공동체의 기반이 흔들렸다. 경제성장을 주력으로 여기다 보니 환경과 민생 문제는 부차적 사안으로 취급되었다. 유기농, 생태, 협동 같은 개념은 시대 흐름과 동떨어진 것으로 여겼다. 이때 강원도 원주에서 이런 생각에 문제를 제기하는 움직임이 서서히 시작되고 있었다.

강원도 원주는 한때 민주화 운동의 성지였고, 그 중심에는 장일순이 있었다. 그는 박정희 정권에서 중립화 평화통일론을 주장했다는 이유로 3년간 옥고를 치렀다. 그래도 그는 지학순 주교 등과 박정희 정권의 부정부패를 폭로하고 사회 정의를 촉구하는 시위를 주도하는 등 민주화 운동을 막후에서 전개했다.

1985년 6월 24일, 장일순은 전국 최초의 '한살림'인 원주소비자협동조합을 설립하며 '한살림 운동'을 시작했다. '한살림 운동'은 도시 소비자와 농촌 생산자가 직거래하며 서로를 보호하고, 유기농으로 우리 땅을 살리자는 운동이었다. 정권이 바뀔 때마다 권력자들은 화려한 공약을 내걸었으나 도시 영세민과 농어민의 삶은 전혀 나아지지 않는 것을 보고 찾은 방안이었다. '한살림 운동'은 곧 '생명'이라는 시대정신과 '협동'이라는 전통적이고 구체적인 가치의 결합이었다.

장일순은 '한살림 운동'의 철학적 의미를 직접 글로 써서 알렸다. 그 글이 「공동체적 삶에 대하여」이다. 장일순은 언변이 뛰어나고 시대를 비판하고 미래상을 제시하는 연설과 인터뷰는 많이 했으나 글 한 편도 책 한 권도 남기지 않았다. '글의 씨'가 되는 글씨揮毫는 많이 썼으나 글은 남기지 않았다. 「공동체적 삶에 대하여」는 그가 남긴 거의 유일한 글이다.

이 글은 인간과 자연을 따로 나누지 않고 하나의 생명적 공동체로 묶어 바라보았다. 경쟁이 아니라 협동을 이야기하고, 이웃과 자연, 생산자와 소비자가 이익을 나누는 삶이 더 인간답고 지속가능하다는 점을 강조했다. 그에게 협동은 생존 전략이 아니라 문명의 방향을 바꾸는 원리였다.

'한살림 운동'의 사상적 기초를 담은 이 글은 당시 한국 사회에서 공동체적 삶이라는 개념을 공론화한 드문 글이었다.

공동체적 삶에 대하여

옛 말씀에 천지여아동근天地與我同根이요, 만물여아일체萬物與我一體이니라고 한 말이 있습니다. 다시 말하면, 하늘과 땅은 나와 한 뿌리요, 세상 만물은 나와 한 몸이나 다를 바 없다는 얘기입니다.

일체의 현상을 유기적 관계에서 보면, 절대적인 것과 상대적인 것은 하나이면서 둘이요, 둘이면서 하나라는 것을 직감적으로 파악하게 되는 것입니다. 그러므로 세상 만민은 다 예수님 말씀대로 한 형제요, 온 우주 자연은 나의 몸과 한 몸이나 다를 바 없음을 알게 될 것입니다. 공동체적 삶은 이 바탕 위에 있다고 나는 생각합니다.

인간이 사물에 대해서 선악과 애증을 갖게 되면, 취사선택이 있게 마련이고, 좋은 것을 선택하는 선호選好의 관념은 이利를 찾게 되고, 이것은 자연히 현실에서 이웃과 경쟁을 하게 되는 것으로 이어집니다.

많은 이들은 선의의 경쟁을 말하지만, 그것은 상황에 따라서 악의

의 경쟁도 되는 것입니다.

　이러한 삶은 인간이 자기 분열을 한없이 전개함으로써 자멸을 가져오는 것입니다. 영성적인 절대만을 유일한 진리라고 생각하여 상대적인 현상을 무시하는 삶도 아니고, 상대적인 다양한 현실만이 전부라고 생각하는 어리석은 삶도 아닌 바탕에 공동체적 삶은 있는 것입니다.

　아낌없이 나누기 위하여 부지런히 일하고 겸손하며 사양하며 검소한 삶은 인간과 인간 사이에, 또한 인간과 자연과의 사이에 있어서 기본이 되는 삶의 모습이라고 생각합니다. 이러한 삶에는 꾸밈이 없을 것입니다.*

---

* 가톨릭 농민회, 《공동체》, 1983년 4월호.

32

여성과 인권 운동의 전환점

전두환 정권의 정치적 타락은 갈수록 심해졌다. 내부의 이런 위기를 감추기 위해 사회에 대한 감시와 통제를 더욱 강화했다. 1986년 6월에 발생한 '부천서 성고문 사건'은 전두환 정권에서 권력기관의 부도덕한 행태가 얼마나 심했는지 극명하게 보여 주었다.

피해자는 당시 24세였던 권인숙이었다. 서울대학교 의류학과 출신인 그는 부천의 한 회사에서 일하다가 1986년 6월 4일에 부천경찰서에 연행되었다.

명문대학 출신으로 위장 취업을 했다는 혐의였다. 당시 정부는 의식 있는 학생들이 신분을 감추고 노동 현장에 취업하는 것을 극도로 위험시해 이들을 찾아내 구속했다. 노동운동의 조직과 확산을 두려워해 내린 조처였다.

경찰은 인천 5·3 항쟁과 관련된 수배자들에 대한 정보를 확보하기 위해 권인숙을 쫓고 있었다.

권인숙은 부천경찰서에서 이틀 동안 조사를 받았다. 그 과정에서 성고문과 공갈·협박 같은 반인륜적 폭력이 수사실 안에서 버젓이 벌어졌다. 이 사건은 자칫 역사에 묻힐 뻔했으나 구치소를 드나들던 기독교인들을 통해 외부로 알려지기 시작했다.

이 사실을 접한 기독교계와 시민사회는 곧바로 행동에 나섰다. 이상수 변호사가 권인숙과 면담해서 피해 사실을 확인했다. 이를 바탕으로 7월 5일에 '부천서 성고문 사건 대책위원회'가 꾸려졌다. 변호인단에는 고영구, 김상철, 박원순, 이돈명, 이상수, 조영래, 조준희, 홍성우, 황인철 등 당시 인권변호사들이 대거 참여했다. 이들은 즉시 사건의 가해 형사와 부천경찰서장 등을 검찰에 고발했다.

이 9명의 변호사가 작성한 '고발장'에는 경찰의 만행과 이를 묵인한 검찰에 대한 질타가 담겼다. 이 고발은 한국 사회에서 성폭력과 국가폭력의 문제를 공론화하는 계기가 되었다. 또 이 사건은 여성 운동과 인권 운동의 중요한 전환점이 되었다.

검찰과 정권은 초기에는 사건 축소와 은폐를 시도했다. 피해자에게 명예훼손 혐의를 씌우려 했고, 가해자의 책임을 회피하는 논리를 펼쳤다. 그러나 가해 형사는 결국 실형을 선고받았다.

권인숙 성고문 사건 '고발장'

(…) 우리는 이 입에 담기에도 더러운 천인공노할 만행이 다른 곳도 아닌 경찰서 안에서 다른 사람도 아닌 경찰관에 의하여 저질러졌다는 사실에 대하여 실로 경악과 전율을 금치 못한다.

더욱이 이 같은 만행이 인권옹호 직무 수행자라는 검찰에까지 상세히 알려졌음에도 불구하고 그 범인이 아직까지도 버젓이 경찰관 신분을 유지하면서 바깥세상을 활보하고 있는 데에 이르러서는 이 나라에 과연 법질서라는 것이 형식적으로나마 존재하고 있는 것인지를 근본적으로 의심하지 않을 수 없다.

최고학부까지 다닌 한 처녀가 입에 담기조차 수치스러울 저 끔찍한 강제추행을 당한 사실을 스스로 밝힌 이상 그 밖에 또 무슨 '증거'가 필요해서 수사를 못 한다는 말인가? 경찰서 안에서는 목격자만 없으면 어떤 일이 일어나도 좋다는 것인가? 검찰이 경찰의 인권유린 행위에 대하여 이와 같이 수수방관적인 태도를 취한다면, 무고한 시민들이 경찰 권력의 횡포 아래 희생되는 것을 막을 길도 전혀 없게 된다.

이 사건의 진상이 철저히 규명되고 직접 범행을 저지른 자는 물론 관계 책임자들이 모두 엄중히 처단되지 않는 한, 이후 여성들은 경찰서 앞을 지날 때마다 공포에 질리게 될 것이다.

그러나 우리는 이 사건이 종래에 흔히 볼 수 있던 통상의 고문·가혹 행위 수법이 아니라 여성에 대한 인간적 파괴를 노리고 반인륜적인 성고문 수법을 사용한 범행이며 더욱이 피의 사실에 관한 조사가 아닌 단순한 수배자의 검거를 위한 수단으로 이와 같이 끔찍한 범행이 자행되었다는 점을 중시한다.

우리는 1984년 9월 4일에도 청량리경찰서에서 경희대 여학생들이 경찰서 전경들로부터 성폭력을 당한 사실을 기억하고 있다. 인천 5·3 사태로 구속된 피의자의 가족이 자기 딸도 부천경찰서에서 권 양과 비슷한 고문을 당했다고 주장한 것을 들은 바 있다.

이 사건으로 인해 우리는 위 주장도 사실이라는 심증을 굳히게 되었고, 특정 서에서 성이 고문의 수단으로 제도화되어 악용되고 있음을 알게 되었다. 인간의 존엄성을 최고의 이념으로 삼고 있는 민주법치 국가에서 위와 같은 야만적이고, 비인간적인 만행이 제도적으로 자행된다는 것은 더 이상 묵과될 수 없다. (…)*

* 　민주화운동기념사업회 오픈 아카이브, '고발장(권모양 성고문사건)'.

33

진실은 결국 드러난다

박정희 유신의 심장을 멈춘 것이 김재규 장군의 10·26 거사라면 전두환 군부의 숨통을 조인 것은 경찰의 박종철 군 고문치사 사건이다.

1987년 1월 14일, 남영동 치안본부 대공분실에서 조사받던 서울대학교 학생 박종철이 사망했다. 수사관들은 극심한 물고문 등으로 박종철을 죽이고도 심장마비로 숨진 것처럼 외부에 발표했다. 경찰은 조사하는데 책상을 '탁' 치니까 '억'하고 죽었다고 밝히며 사건을 축소·은폐하려 했다.

이런 터무니없는 발표를 곧이곧대로 믿는 국민은 별로 없었다. 검안의사의 '고문 살해 의혹'이 보도되고, 방학인데도 학생들이 추모제를 갖고 살해 의혹을 제기했다. 사건이 발생하고 5일이 지난 19일에야 정부는 결국 물고문 사실을 공식 시인했다.

박종철이 사망한 지 사흘 뒤인 1월 17일, 《동아일보》의 칼럼 하나가

눈길을 끌었다. 논설위원이었던 김중배의 칼럼 「하늘이여, 땅이여, 사람들이여」였다. 박종철 군의 고문치사 사건을 한탄하는 글로, 거짓을 덮는 국가 권력에 맞서 '진실은 존재한다'라고 용기 있게 외친 글이었다.

도덕적 책임과 언론의 양심을 꺾지 않으려는 언론인은 시민을 고문한 국가, 그 침묵에 가담한 언론, 그리고 무관심한 사회를 향해 호소했다. 단순히 박종철의 죽음을 애도하는 것이 아니라 그 죽음을 외면하지 말자고 말했다.

그해 5월 5·18 기념미사에서 천주교정의구현전국사제단이 박종철 사건이 조작되었다는 사실을 공식 발표하자 사회적 분노는 더욱 뜨거워졌다. 이는 감옥에 있던 이부영이 이 사실을 알아내 밖에 있던 민주화운동의 대부 김정남에게 알리며 세상에 드러날 수 있었다. 결국 천주교정의구현전국사제단의 발표는 6월 항쟁의 도화선이 되었다.

김중배는 이후 《한겨레신문》 창간에 참여하며 편집위원장과 대표이사를 지냈고, 언론개혁 운동에도 앞장섰다.

하늘이여, 땅이여, 사람들이여

하늘이여, 땅이여, 사람들이여. 저 죽음을 응시해주기 바란다. 저 죽음을 끝내 지켜주기 바란다. 저 죽음을 다시 죽이지 말아주기 바란다.

태양과 죽음은 차마 마주볼 수 없다는 명언이 있다는 건 나도 안다. 태양은 그 찬란한 눈부심으로, 죽음은 그 참담한 눈물줄기로 살아 있는 자의 눈을 가린다.

그러나 서울대학교 언어학과 3학년 박종철 군, 스물한 살의 젊은 나이에 채 피어나지도 못한 꽃봉오리로 떨어져간 그의 죽음은 우리의 응시를 요구한다. 우리의 엄호와, 죽음 뒤에 살아나는 영생永生의 가꿈을 기대한다. (…)

그의 죽음은 이 하늘과 이 땅과 이 사람들의 회생回生을 호소한다. 정의를 가리지 못하는 하늘은 '제 하늘'이 아니다. 평화를 심지 못하는 땅은 '제 땅'이 아니다. 인권人權을 지키지 못하는 사람들은 '제 사람들'이 아니다. (…)

　그렇다. 인권人權은 이데올로기가 아니다. 그것은 어김없는 사람의 사람다운 도리인 것이다. 그 사람의 도리를 어기는 땅에선 어떤 찬란한 이데올로기도 무색할 뿐이다.

　그 무거운 과제는 경찰이나 검찰만의 책무는 아니다. 그의 죽음은 이제 나라의 일이다. 겨레의 일이다. 한 젊음의 삶은 지구보다도 무겁다. 죽음의 무게도 그보다 가벼울 수는 없다. 국회도 불을 밝혀야 하고 법률 전문직 단체도 무심할 수만은 없다. 그의 죽음과 삶은 그 한 젊은이만의 죽음과 삶일 수 없다. 우리 모두의 죽음과 삶이다.

　이제 거짓의 하늘은 사라져야 한다. 거짓의 땅도 파헤쳐야 한다. 거짓의 삶들도 다시 태어나야 한다.

　나라의 중심도 권력 쪽에서 내려 잡혀야 한다. 나라의 중심이 힘을 가진 자 쪽에 두어져서는 안 된다. 힘이 없는 민중 쪽에, 나라의 중심이 내려잡혀야 한다.

　광주光州의 5월에 이어지는 '5월시' 동인들은 일찍이 "하늘아, 땅아, 많은 사람아"를 외쳤다. 이제 박종철, 그의 죽음 앞에서 "하늘이여, 땅이여, 사람들이여"의 호곡號哭이 피어난다.

　그 호곡을 잠들게 하라. 새로운 하늘, 새로운 땅, 새로운 땅이 나게 하라. 그것이 그의 죽음을 영생永生으로 살리는 길이다.*

* 　'김중배 칼럼' 「하늘이여, 땅이여, 사람들이여」, 《동아일보》, 1987년 1월 17일 자.

34

민중의 목소리를 내자

1970~80년대의 한국 사회는 산업화가 가속화하고 군사정권 독재가 공고해지는 시기였다. 1980년대는 권력의 창과 국민의 방패가 끊임없이 부딪치며 불꽃을 튀겼다. 광주 민주화 운동을 잔인하게 진압한 군사정권은 여전히 공권력을 사유화하면서 칼을 휘둘렀고, 군사독재를 비판하는 세력은 학술·문화·법조·예술 등 분야를 확대하면서 거세게 저항했다.

저항 세력 진영에서는 특히 학자, 문인, 예술가들의 역할이 컸다. 이들 가운데 '민족이 곧 민중이고 민중이 바로 민주주의라는 삼위일체의 등식을 신념화하면서 이를 위한 경제학 논리를 전개'하는 경제학자 박현채가 있었다.

한국전쟁 당시 10대 후반 나이로 빨치산의 문화부 중대장으로 활동한 박현채는 1964년 인혁당 사건에 연루되어 1년간 복역하고, 1980년

'134명 지식인 선언'과 관련해 서대문경찰서에서 조사받고 풀려나기도 했다. 1985년 《창작과비평》 57호에 그가 쓴 「현대 한국사회의 성적과 발전단계에 관한 연구」는 '한국 사회구성체 논쟁'의 계기가 되었다.

박현채에게 '민족'이나 '민중', '민주주의'는 젊은 시절부터 의식과 심장 깊숙이 자리 잡은 가치관이었다. 일제 식민지와 동족상잔, 이승만·박정희 시대의 반민족, 반민중, 반민주주의 체제를 겪으면서 이런 가치는 더욱 심화되었다. 그래서 그의 수많은 경제 논설에는 주제가 무엇이든 민족·민중·민주가 바닥에 깔렸다. 1970~80년대에는 직접 '민중론'의 중심에 서기도 했다.

그가 1978년에 저술한 책 제목에 『민중과 경제』라 붙인 것도 이런 깊은 속내 때문이었다. 이 책의 첫 논설로 실린 「민중과 경제」에서 그는 민중을 단순히 피지배 계층이나 저소득 노동자가 아니라 사회 변화의 능동적 주체로 보았다. 또 경제학이 정치와 역사와 분리된 학문이 아니라 '역사 속에서 현실을 바꾸는 실천적 학문'이어야 한다고 보았다.

박현채는 4·19 혁명으로부터 점차 치솟는 기층민중의 역량에 때로는 감탄하고, 때로는 좌절하면서 역사에서 민중의 역할에 관심을 가졌다. 사회학자들의 교과서적인 '민중론'이 아니라 이 땅의 토속적 민초의 삶을 살아온 저자의 몸에 밴 '민중론'이다.

민중과 경제

　　오늘날의 역사에서 민중은 수동적 민중, 피조자적 민중, 그리고 주체적 민중을 포괄해서 그 비중을 확대해 가고 있다. 그리고 이 과정에서 민중의 구성은 더욱 능동적인 것으로 되고 민중을 민중 스스로가 주체적 능동적인 것으로 구체화시키기 위해 계급이나 민족, 그리고 시민이나 인류라는 자기 한정限定을 일단 지나 계급의식, 민족의식, 시민의식, 인류의식 등을 매개로 해서 새로운 의식에 이르게 하고 있다.

　　이와 같은 민중의식은 그것을 담당하는 주체의 성격을 반영해서 가령 독립과 민족, 민주주의와 시민, 사회진보와 계급, 평화와 인류 등과 같은 요구와 결합되고 있으며 이와 같은 민중의식이 민족·시민·계급·인류 등을 단순한 대상으로서가 아니라 자각적 집합으로서 스스로를 설정하려 할 때 정당, 노동조합, 농민조합 등과 기타의 자발적 결사가 조직되기에 이른다. 그리하여 조직 가운데서의 민중은 당연히 자기 자신의 주장을 관철시키려고 하고, 그들을 소외시키고 있는 세력에 저항하고 있는 것이다. (…)

경제적 관점에서 민중은 역사적으로 직접적 생산자이면서도 노동생산의 결과, 즉 사회적으로 생산된 경제잉여의 정당한 참여에서 소외된 광범한 사람들을 주된 구성으로 한다. 따라서 역사에 있어서 민중은 사회적 생산력의 주된 담당자였으며 국부國富의 생산자였다. 그러나 그들은 한 사회의 구성상 피지배 상태에 처해 있었고, 따라서 노동의 결과에서 소외된 채 인간적 요구의 관철을 저해받아 온 사람들이다. (…)

한국에 있어서 민중의 상황은 그 역사적 위치에도 불구하고 주체적 능동적인 것으로 되고 있지 못하다. 그리고 이것은 국민경제의 상황에서 경제성장 결과에의 광범한 민중 소외로 사회적 불균형을 확대시키고 있다. 국민경제에 있어서 민중 소외는 근원적인 국민경제의 구조에서 이미 주어지고 있으나 우리의 경우 국민경제의 성장 유형은 이를 더욱 심화시키는 요인으로 되고 있다.

오늘 우리나라 민중이 당면한 문제는 많다. 그것은 민주주의, 평화, 민족과 통일, 인권에 이르는 광범한 자기 과제에서 제시된다. 계급적 계층적 이해의 조정에서 공동의 자기요구를 정립하는 것은 오늘 우리가 직면한 상황에 대처하는 중요한 계기이다. (…)*

---

*　박현채, 『민중과 경제』, 정우사, 1978.

임시정부의 법통 계승

1987년 6월 항쟁은 전두환 정권의 독재를 끝내는 데에는 이르지 못했으나 대통령 직선제 개헌을 쟁취하는 성과로 이어졌다. 무엇보다 박정희와 전두환의 권좌를 위해 만들어진 유신헌법이나 제8차 개헌1980년 헌법과 달리 제9차 개헌현행 헌법은 여야 합의로 개정되었다.

개헌에서 특히 주목할 부분은 헌법 전문에 "대한민국 임시정부의 법통을 계승한다"라는 구절이 새로 삽입되었다는 것이다.

이는 유신헌법과 1980년 헌법에서 의도적으로 배제되었던 문장으로, 대한민국의 역사적 기원을 일제 강점기 임시정부에서 찾는다는 국가적 선언이었다. 이로써 자신들의 뿌리인 친일의 부끄러운 역사를 삭제하고자 임시정부를 건너뛰기 위해 사력을 다하는 일부 보수 세력, 특히 뉴라이트 계열이 주장하는 '1948년 건국절'의 근거는 뿌리부터 사라졌다.

헌법 전문에 '대한민국 임시정부 법통'이 들어갈 수 있었던 배경에는 광복군 출신으로 고려대학교 총장을 지내며 여러 차례 국무총리를 제의받고도 끝내 학자의 길을 지킨 김준엽이 있었다. 또 독립운동가 후손으로 국회의원이던 당시 민정당 원내대표 이종찬도 함께했다.

헌법 전문에 임시정부 법통을 삽입하는 작업은 단지 문장 하나를 추가하는 단순한 일이 아니었다. 친일의 그림자와 군사독재의 정통성 논리를 걷어내고, 대한민국의 역사를 식민지 저항과 민족자결의 흐름에서 바라보려는 사상적 정비였다. 김준엽은 이를 '마지막 독립운동'이라 불렀고, 시론 발표와 강연을 통해 사회적 공감대를 만들었다.

김준엽은 국회와 정당을 직접 방문해 정치권을 설득했다. 이종찬은 김준엽이 자신에게 이번 개헌에서 '임시정부의 정신'이 아니라 '임시정부의 법통'을 계승한다고 분명히 명시해야 한다고 강조했다고 증언했다. 이는 임시정부를 단순한 참고 대상이 아니라 국가의 법적·역사적 기원으로 받아들이자는 의미였다. 이종찬도 이에 동의했다.

이로써 군사 독재자들에게 '탈취'당했던 임시정부의 법통이 마침내 새 헌법안에 명시되고, 헌법은 1987년 10월 27일 국민투표에서 국민의 압도적인 찬성으로 확정되었다.

임시정부 법통 살리기가 숙원이었던 김준엽과 이종찬의 이야기를 차례로 들어 본다.

헌법 전문에 임정 법통 살리기

1

나는 민족정기의 회복을 위하여 있는 힘을 다 쏟아야 되겠다고 다시 다짐하였다.

8월 31일 민정·민주 양당은 대통령 직선제 개헌안 협상을 완전히 타결, 여야 합의 개헌에 성공했다. 그리고 9월 10일 국회에서 여야 공동 발의키로 하였다니 통과될 것은 분명하였다.

그런데 이보다 앞서 양당의 헌법초안을 보니 민주당안에는 분명히 전문에 "대한민국 임시정부의 법통을 계승한다"고 되어 있는데 민정당안의 전문에는 "임시정부의 정신을 계승한다"고 되어 있기에, 나는 8월 6일 민정당의 이종찬 의원에게 '정신精神'을 '법통法統'으로 반드시 고쳐야 한다는 것을 역설하여 적극 노력하겠다는 답을 얻었고 또 민주당의 이중재 의원에게는 민주당의 안대로 전문에 '법통 계승'을 고집 관철해 달라고 부탁하여 동의를 얻은 일이 있다.

　이리하여 9월 8일에 새 헌법안이 발표되었는데 헌법 전문은 나의 숙원대로 "유구한 역사와 전통에 빛나는 우리 대한국민은 3·1운동으로 건립된 대한민국 임시정부의 법통과 불의에 항거한 4·19 민주이념을 계승하고 조국의 민주개혁과 평화적 통일의 사명에 입각하여……"라고 명기하고 있었다.*

2

　6·29 선언 이후 새 헌법안 작성 작업이 진행되는 가운데 나에게는 여러 가지 주문이 전달되었다. 특히 김준엽 전 고려대 총장은 나를 직접 불러 이렇게 강조했다.

　"이번 기회에 임정의 법통을 잇는다는 내용을 반드시 헌법 전문에 명시해야 합니다. 이 일을 이 의원 말고 누가 하겠소. 현재 민주당안에는 '대한민국 임시정부의 법통을 계승한다'고 되어 있는데, 민정당안은 '임시정부의 정신을 계승한다'고 되어 있어요. '정신'과 '법통'이라는 두 글자가 대단히 큰 의미의 차이를 낳습니다. 이 점을 명심해서 틀림없이 '법통을 계승한다'는 것으로 반영해 주시오."

　나는 그의 말에 전적으로 동감했다. 다음 날 나는 헌개특위 위원인 허청일 의원에게 먼저 헌법 전문에 관한 각종 자료를 전달하면서 이 같

---

* 　김준엽, 『나의 무직시절: 장정 4』, 나남, 1991, 185쪽.

은 입장을 반영해 줄 것을 주문했다. 그러나 허 의원은 그 문제의 심각성을 그다지 실감하지 못했다.

오히려 약간 부정적인 것 같은 표정이었다. 나는 다시 헌개특위 간사인 현경대 의원을 찾아가 같은 요구를 했다. 그는 이해가 빨랐다. "동감입니다. 저에게 맡겨 주시지요." 그제야 안심했다. 그리하여 1987년 10월 29일 채택된 현행 헌법의 전문은 아주 분명하게 정리되었다.

우리 대한국민은 3·1 운동으로 건립된 대한민국 임시정부의 법통과 불의에 항거한 4·19 민주이념을 계승하고 (…)*

*   이종찬, 『숲은 고요하지 않다(2)』, 한울, 2015, 64~65쪽.

“

유구한 역사와 전통에 빛나는 우리 대한국민은 3·1 운동으로 건립된 대한민국임시정부의 법통과 불의에 항거한 4·19 민주이념을 계승하고, 조국의 민주개혁과 평화적 통일의 사명에 입각하여 정의·인도와 동포애로써 민족의 단결을 공고히 하고, 모든 사회적 폐습과 불의를 타파하며, 자율과 조화를 바탕으로 자유민주적 기본질서를 더욱 확고히 하여 정치·경제·사회·문화의 모든 영역에 있어서 각인의 기회를 균등히 하고, 능력을 최고도로 발휘하게 하며, 자유와 권리에 따르는 책임과 의무를 완수하게 하여 …*

”

*   대한민국 헌법 전문 중에서.

8·15는 친일파가 해방된 날

우리나라가 해방되기 직전인 1945년 7월 24일, 서울 부민관에서는 조선 총독, 정무총감, 군사령관 등 일본의 주요 인물들과 친일파이자 정치 깡패인 박춘금을 비롯한 친일 수괴들의 비밀회합이 준비되었다. 이는 박춘금이 새로 만든 친일 폭력단체인 대의당이 주최한 모임이었다.

이 소식은 대한애국청년당 당원들에게 알려졌다. 조문기, 강윤국, 우동학, 권준, 유만수 등은 이 모임에 모일 이들을 한 방에 없애 버리기 위해 비밀리에 '부민관 폭파 사건'을 준비했다. 유만수가 입수한 다이너마이트로 폭탄 두 개를 만들어 부민관을 폭파하기로 했다.

그러나 비밀회합이 있던 날, 실수로 폭탄이 일찍 터지는 바람에 이들의 거사는 목표를 달성하지는 못했다. 비록 목표 달성에는 실패했으나 친일파들에게 커다란 두려움을 안겨 주는 데는 성공했다.

이 사건의 주역은 조문기였다. 그는 1942년에 일본강관 주식회사의 파업을 주도하여 지명수배를 받은 인물이다. 해방 후 1948년에 남쪽만의 단독 정부 수립에 반대하여 옥고를 치렀고, 1959년에는 '이승만 암살 및 정부 전복 음모 조작 사건'으로 투옥되었다. 조문기는 평생 부당한 권력의 탄압 속에서 고통을 짊어지고 살아야 했다.

조문기는 2005년에 회고록『슬픈 조국의 노래』를 펴냈다. 이 책에는 남한만의 단정을 반대한 인민청년군 사건, 이승만 암살 정부 전복 음모 조작 사건, 민족민주청년동맹 사건 등이 자세하게 기록되어 있다. 당시 독립운동 진영을 비롯해 사회적으로 잔잔한 감동을 불러일으켰다.

그는 광복절이 "광복회원들이 기다리는 잔칫날이다. 대접받는 날, 민족해방을 경축하는 날"이어야 하지만 "알고 보면 거짓 환상이고 위선으로 가득 찬 날"이라고 한다. "일제는 물러갔지만 우리는 여전히 일제 치하에서 살고" 있기 때문이다. 이어서 "엄밀히 말하면 8·15는 민족이 해방된 날이 아니라 친일파가 해방된 날"이라고 성토한다. 그가 기록한 '슬픔'은 개인적 불운이 아니라 제대로 된 독립을 이루지 못한 국가에 대한 고뇌였다.

해방 이후 독립운동가들이 겪은 냉대와 누명을 고발하고, 친일의 잔재는 권력을 장악했고, 항일의 기억은 지워지려 한다며 "선열들의 호통소리가 들리지 아니한가?"라고 격정적으로 울분을 토한다.

『슬픈 조국의 노래』 서문

해마다 되풀이되는 일이지만 광복절은 광복회원들이 기다리는 잔칫날이다. 대접받는 날, 민족해방을 경축하는 날, 얼마나 가슴 벅차고 설레는 날인가?

하지만 알고 보면 거짓 환상이고 위선으로 가득 찬 날이다. 그래서 나는 안 간다. 그날이 되면 나는 산으로 바다로 경축의 냄새가 안 나는 곳으로, 펄럭이는 태극기가 안 보이는 곳으로, 경축 현수막이 안 보이는 곳을 찾아 피신을 간다.

내가 생각해도 유별난 게 분명하지만 거기에는 분명한 나름의 이유가 있다.

1945년 일제는 물러갔지만 우리는 여전히 일제 치하에서 살고 있다. 8·15 이후 숙청된 것은 친일파들이 아니라 독립운동자들과 민족운동 세력이었다.

친일파들은 새로운 권력자 미국을 등에 업고 재빠르게 반공 세력으로 변신해 독립운동 세력을 무력화시켜 놓고 이 나라의 주류로 등장했다. 친일파들이 정관계, 문화, 예술, 언론, 교육, 종교 등 모든 분야에서 주류로 행세했고, 인맥과 후예들을 길러 철옹성같이 굳건한 성벽을 쌓았다.

엄밀히 말하면 8·15는 민족이 해방된 날이 아니라 친일파가 해방된 날이다. 일제를 주인으로 떠받들던 친일파 주구들이 제 주인을 벗어나 이 땅의 주인으로 우뚝 선 날이다.

매일 일본 황실을 향해 머리를 굽실거리며 궁성요배를 하고, 황국신민의 서사를 소리 높여 외치며 민족 구성원을 전쟁터로 내몰던 일제 관리들이 해방 후에 이 나라 정·관계의 요직을 차지했다.

식민지 민족말살교육의 첨병이었던 훈도들이 모조리 교장이 되어 우리나라 일선 교육의 책임자가 되었다. 민족을 배신하는 데 앞장섰던 성직자들은 여전히 존경받는 성직 지도자로 군림했다.

민족을 고문하고 학대했던 고등계 형사들과 순사들이 모조리 국립 경찰의 간부가 되어 항일운동 세력을 탄압하는 데 여념이 없었다. 많은 애국지사들이 친일 경찰들의 손에 다시금 구금되어야만 했다.

항일운동자들을 토벌하던 황군 장교들은 해방 후 '빨갱이'를 쳐부수는 국군 장성으로 변신했다. 그리고 쿠데타로 군사정권의 주축이 되었다.

이 땅 주류세력의 뿌리가 친일파였다고 해도 과언이 아니다. 가히

이 나라는 친일파들의 낙원이라 부를 만하다.

친일파들의 철옹성이 얼마나 견고한지 그 실례를 보자.

지금 전국에서 친일파들의 동상, 공적비, 기념비, 송덕비 등이 숲을 이루고 있다. 그들이 키워 놓은 후계 세력들은 친일파들을 본받고 따르라고 각종 기념사업이 한창이다.

이렇게 60년을 공들여 쌓아 놓은 굳건한 친일의 토양 위에서 새로운 집권세력이 뒤늦게나마 잘못된 역사를 바로 세워 보려고 칼을 빼들었지만 팔을 걷어붙이고 나서며 가로막는 친일세력의 벽에 부딪쳐서 절절매는 것이 오늘의 현실이다.

이렇게 친일파가 단 한 사람도 처벌되지 않고 도리어 민족의 지도자로 둔갑하는 기상천외한 나라… 참으로 하늘이 무섭고 역사가 두렵고 선열들의 호통소리가 들리지 아니한가?

그래서 나 혼자라도 광복절 경축식은 국민 기만이라고 소리치는 것이다. (…)

서툰 내 글솜씨가 이런 내 진솔한 민족애를 얼마나 담아낼지는 모르지만 내 생애의 대부분이 역사와 끈이 닿아 있다 보니 행여 역사 한구석이라도 더럽히면 어쩌나 걱정을 하면서 이 책을 내가 민족에게 바치는 마지막 정성이라 생각하고 역사의 한구석에 조용히 세워 놓고 민족의 품속에 안겨 눈 감고 싶다.*

* 조문기, 『슬픈 조국의 노래』, 민족문제연구소, 2005, 17~19쪽.

"

1945년 일제는 물러갔지만 우리는 여전히 일제 치하에서 살고 있다. 8·15 이후 숙청된 것은 친일파들이 아니라 독립운동자들과 민족운동 세력이었다.
엄밀히 말하면 8·15는 민족이 해방된 날이 아니라 친일파가 해방된 날이다. 일제를 주인으로 떠받들던 친일파 주구들이 제 주인을 벗어나 이 땅의 주인으로 우뚝 선 날이다.

"

37

역사 허무주의에 경종을

해방 후 우리나라의 친일파 청산은 국민적·역사적 과제인데도 미제로 남겨졌다. 이승만 정권에서 반민특위가 해체되고, 그 뒤를 이은 군사정권은 친일 세력이거나 그 후손들이 대거 참여했기 때문인지 친일파 문제는 제대로 청산되지 못했다. 노무현 정부에 이르러서야 「친일진상규명특별법」이 만들어지고, '친일반민족행위진상규명위원회'가 구성되었다. 해방되고 60여 년이 흐른 뒤였다.

친일파 당사자들은 이미 대부분 사망했기 때문에 그들의 친일 행위는 기록으로 남길 수밖에 없었다. 이를 위해 일찍부터 나선 곳이 민족문제연구소이다.

민족문제연구소는 친일파에 의해 무너진 반민특위 정신을 계승하고, 친일 문제를 연구하는 데 평생을 바친 임종국의 유지를 잇고자 1991년에 설립된 단체이다. 일제 파시즘 잔재를 청산하는 데 앞장선다는 취지에 따라, 처음 설립되었을 때 이름은 반민족문제연구소였다. 1995년에 민족문제연구소로 이름을 바꾸었다.

연구소는 2001년 12월에 국내외 전문학자 150여 명으로 친일인명사전 편찬위원회를 구성했다. 편찬위원회는 객관성과 공정성을 갖추기 위해 노력했다. 먼저, 일제강점기의 공문서, 신문, 잡지 등 3천여 종의 문헌자료를 수집하고 분석했다. 이를 토대로 약 250만 건의 인물 정보를 데이터베이스로 구축했다. 그 가운데 5천여 명의 친일혐의자 모집단을 추출하여 20여 개의 전문분과회의에서 심의를 거친 뒤 자문위원회의 최종 자문을 받아 친일파를 선정했다.

사전 발간 비용은 민족문제연구소 회원 5천여 명과 시민 3만여 명의 성금으로 충당했다. 수록 대상자 선정은 주관적 평가나 판단을 피하고 자료에 근거한 객관적 서술을 원칙으로 했다. 또 친일 행위 서술 범위는 전 시기의 경력과 행적을 포함하되_{민족운동 경력, 해방 이후 경력과 행적 포함}, 일제 강점기 친일 경력과 행적을 중심으로 했다.

2009년 11월, 이 같은 원칙으로 일제 강점기 친일파 4,300여 명의 행적을 기록한 3천 쪽 분량의 『친일인명사전』_{전3권}이 간행되었다. 이는 '고백과 성찰'을 위한 기록이다. 책의 「발간사」는 윤경로 친일인명사전 편찬위원회 위원장이 썼다.

『친일인명사전』 발간사

　　돌이켜 보면 해방공간과 정부수립 직후 친일 행위자들의 역사적 죄과에 대해 책임을 묻지 못하게 되면서, 이들이 반성하고 자숙하기보다 오히려 권력의 최고 상층부로 도약하는 어처구니없는 결과를 빚고 말았습니다. 이로 인해 국가의 정통성은 심각하게 훼손되고, 최소한의 가치기준마저 무너지게 되었던 것입니다.

　　상식과 배치되는 퇴행적 현실은, 정의는 칼을 쥔 자의 것이며 역사는 언제나 권력자의 편이라는 자조적인 역사인식을 일반대중에게까지 확산시켰으며, 그 결과 우리 사회는 잘못을 잘못으로 인식할 자정능력조차 상실하고 도덕적 불감증이 만연하는 실정에 이르게 되었습니다. 일본군 장교가 되고 총독부 관리를 지낸 것이 무슨 문제냐고 강변하고 오히려 자랑으로 삼는 비뚤어진 역사인식이 확대 재생산되고 있음이 부정하기 힘든 현실입니다.

『친일인명사전』은 이 같은 자조적인 역사인식과 역사 허무주의에 경종을 울리고 더욱 성숙하고 올곧은 역사의식과 가치관을 정립하는 데 기여하고자 합니다. 『친일인명사전』의 편찬 목적은 수록된 개개인에게 역사적 책임을 묻고 비난의 화살을 돌리려는 것이 아니라 과거 사실에 대한 정리와 역사화를 통해 우리 사회의 가치기준을 바로 세우고, 나아가 후대에 타산지석과 반면교사로 삼을 수 있는 역사의 교훈을 남기기 위한 데 있다는 점을 거듭 말씀드립니다.

목적의 정당성에 걸맞게 위원회는 객관성과 엄정성을 갖추기 위해 최선의 노력을 기울였습니다. 수록기준과 수록대상자 확정에도 최대한 신중을 기하였습니다. 장시간에 걸친 폭압적인 지배하에 놓인 개개인의 삶을 쉽게 재단할 수 없었기 때문입니다.*

* 친일인명사전편찬위원회, 『친일인명사전』, 민족문제연구소, 2009.

38

투명인간들을 위해

대한민국은 민주화 이후에도 구조적 불평등과 사회적 양극화가 심화하고 있다. 대기업 중심의 성장 논리는 중소 자영업자와 노동자의 생존권을 위협했고, 복지 사각지대에 놓인 이들은 이름 없이 살아갔다. 정치권은 기득권을 유지하고 표를 얻기 위해서만 골몰했다. 이러한 때 노회찬이라는 정치인의 신랄한 풍자는 사람들에게 신선하고 친근하게 다가왔다.

"대한민국을 '동물의 세계'로 만들어선 안 됩니다. 대통령께서 약육강식하는 '동물의 세계'가 그리 좋다면 케냐의 세렝게티 국립공원으로 보내드리지요. 국민 성금을 모아 보내드립니다. 거기서 사자, 표범, 하이에나와 여생을 함께하시길…" 2009. 7. 11.

"방금 YTN 전화 인터뷰 하는데 '광화문에 박정희 전 대통령 동상 세우는데 어떻게 생각하느냐'고 묻네요. 어이없는 주장이지만 '조건부

찬성'이라 답했습니다. '어떤 조건이냐' 묻길래 '광화문 지하 100미터에 묻는다면 검토할 수 있다'고 답했습니다"2016. 11. 3.

노회찬의 정치 이력은 유려한 언변보다는 노동 현장에서 다져진 경험에 기반해 있었다. 고등학생 때부터 유신독재 반대 유인물을 제작해 배포했고, 대학에 다니면서 용접기능사 자격을 딴 뒤 실제 현장에서 용접공으로 일하며 노동운동을 시작했다.

1989년 12월에 국가보안법 위반 혐의로 구속되어 수감 생활을 한 뒤, 노사관계 전문지 《매일노동뉴스》의 발행인으로 활동하기도 했다. 민주노동당 창당에 참여한 뒤 국회의원을 세 번 지내며 노동자, 농어민, 중소자영업자 등 사회적 약자들을 대변하는 의정 활동을 펼쳤다.

'삼성 X파일 사건2005' 당시 검사의 실명을 공개했다는 혐의로 유죄를 선고받고 의원직을 잃었다. 그 사건은 권력과 자본의 결탁 구조를 폭로한 상징적 사건이었다.

2012년 10월 21일, 노회찬은 진보정의당의 초대 대표로 선출되었다. 이때 대표 수락 연설은 한국 정치에 의미 있는 연설이었다. 연설 제목은 「6411번 버스를 아십니까」였다.

그는 6411번 버스를 타고 새벽에 출근하는 청소 노동자들의 이야기를 들려준다. 이들은 "존재하되 그 존재를 우리가 느끼지 못하고 함께 살아가는 분들"로 '투명인간'으로 살아간다. 그러나 그는 '투명인간'이라 불린 이들을 위해 당과 자신의 모든 역량을 쏟겠다고 다짐한다. 그가 어떤 정치를 하고 싶어 하는지 그는 연설로 증명했다.

6411번 버스를 아십니까

6411번 버스라고 있습니다. 서울 구로구 가로수공원에서 출발해서 강남을 거쳐 개포동 주공 2단지까지 대략 두 시간 정도 걸리는 노선버스입니다. 내일 아침에도 이 버스는 새벽 4시 정각에 출발합니다.

새벽 4시에 출발하는 그 버스와 4시 5분경에 출발하는 두 번째 버스는 출발한 지 15분 만에 신도림과 구로시장을 거칠 때쯤이면 좌석은 만석이 되고 버스 안 복도길까지 사람들이 한 명 한 명 바닥에 다 앉는 진풍경이 매일 벌어집니다.

새로운 사람이 타는 일은 거의 없습니다. 매일 같은 사람이 탑니다. 그래서 시내버스인데도 마치 고정석이 있는 것처럼 어느 정류소에서 누가 타고 강남 어느 정류소에서 누가 내리는지 거의 다 알고 있는 매우 특이한 버스입니다.

이 버스 타시는 분들은 새벽 3시에 일어나서 새벽 5시 반이면 직장인 강남의 빌딩에 출근해야 하는 분들입니다. 지하철이 다니지 않는 시각이기 때문에 매일 이 버스를 탑니다. 한 명이 어쩌다 결근을 하면 누가 어디서 안 탔는지 모두가 다 알고 있습니다.

그러나 시간이 좀 흘러서 아침 출근시간이 되고 낮에도 이 버스를 이용하는 사람들이 있고 퇴근길에도 이용하는 사람이 있지만 그 누구도 새벽 4시와 4시 5분에 출발하는 6411번 버스가 출발점부터 거의 만석이 되어 강남의 여러 정류장에서 5, 60대 아주머니들을 다 내려준 후에 종점으로 향하는지를 아는 사람은 거의 없습니다.

이분들이 아침에 출근하는 직장도 마찬가지입니다. 아들, 딸과 같은 수많은 직장인들이 그 빌딩을 드나들지만, 그 빌딩이 새벽 5시 반에 출근하는 아주머니들에 의해서 청소되고 정비되는 것을 의식하는 사람들은 거의 없습니다.

이분들은 태어날 때부터 이름이 있었지만 그 이름으로 불리지 않습니다. 그냥 아주머니입니다. 그냥 청소하는 미화원일 뿐입니다. 한 달에 85만 원 받는 이분들이야말로 투명인간입니다. 존재하되 그 존재를 우리가 느끼지 못하고 함께 살아가는 분들입니다. (…)

강물은 아래로 흘러갈수록 그 폭이 넓어진다고 합니다. 우리의 대중정당은 달리 이루어지는 것이 아니라 더 낮은 곳으로 내려갈 때 실현될 것입니다. (…) 그리고 우리가 바라는 모든 투명인간들의 당으로 이 진보정의당을 세우는 데 제가 가진 모든 것을 털어 넣겠습니다.

39

평화를 위한 큰 걸음

2018년 9월 19일, 평양 5·1경기장에 문재인 대통령의 목소리가 울려 퍼졌다. 남북으로 분단된 뒤 대한민국 대통령이 평양시민을 상대로 연설하는 첫 순간이었다.

해방 이후 평화통일을 염원하며 남북의 고위 지도자들이 만난 적은 몇 차례 있었다. 그 시작은 김구였다. 그는 1948년 4월, 한반도의 분단을 막기 위해 평양에 직접 올라가 김일성을 만났다. 이후 4월 26일에 남측의 김구와 김규식, 북측의 김일성과 김두봉이 이른바 '4김 회담'을 열었다. 이는 통일 정부를 수립하기 위한 마지막 시도였다. 평화통일을 바라던 이들의 노력은 끝내 실패로 돌아갔고 한반도는 두 체제로 나뉘었다.

그 이후에도 남북은 대화를 이어갔다. 1972년, 박정희 정권 시절 이후락 중앙정보부장이 북한의 김영주와 박성철과 차례로 회담을 진행한 뒤 '7·4 남북공동성명'을 발표하며 '자주·평화·민족대단결'이라는 통일의 3대 원칙을 처음으로 명문화했다.

2000년에는 김대중 대통령과 김정일 위원장이 만나 역사상 첫 남북 정상회담을 열었다. 그 결실인 '6·15 공동선언'으로 이산가족 상봉, 경제협력, 통일방안 논의 등 다양한 분야의 물꼬를 텄다. 2007년에는 노무현 대통령이 다시 평양을 방문해 김정일과 '10·4 선언'을 발표하며, 군사적 긴장 완화와 경제특구 확대 등을 합의했다.

2018년에 문재인 대통령과 김정은 국무위원장은 판문점과 평양에서 회담을 열어 새로운 전환점을 맞았다. 평양 5·1경기장에서 문재인 대통령은 분단 이래 처음으로 평양시민들을 상대로 '공동 번영과 자주 통일의 미래 앞당기자'라는 연설을 했다.

문재인 대통령은 우리 민족은 우수하고 강인하고 평화를 사랑하는 민족이라는 사실을 강조했다. 5천 년을 함께 살고 70년을 헤어져 살았으나, 지난 70년 적대를 완전히 청산하고 다시 하나가 되기 위한 평화의 큰 걸음을 내딛자고 제안했다.

2018년은 판문점 도보다리 회담, 평양 공동선언, 평양 시민 연설까지 이어지며 남북의 화해 분위기가 고조되었으나 이후 북미 협상 결렬과 비핵화 교착으로 그 흐름은 이어지지 못했다. 남북의 공동 번영과 통일은 여전히 풀어야 할 과제로 남아 있다.

공동 번영과 자주 통일의 미래 앞당기자

(…) 동포 여러분, 김정은 위원장과 나는 지난 4월 27일 판문점에서 만나 뜨겁게 포옹했습니다. 우리 두 정상은 한반도에서 더 이상 전쟁은 없을 것이며, 새로운 평화의 시대가 열렸음을 8천만 우리 겨레와 전 세계에 엄숙히 천명했습니다. 또한 우리 민족의 운명은 우리 스스로 결정한다는 민족자주의 원칙을 확인했습니다. 남북관계를 전면적이고 획기적으로 발전시켜 끊어진 민족의 혈맥을 잇고 공동 번영과 자주 통일의 미래를 앞당기자고 굳게 약속했습니다. 그리고 올해 가을 문재인 대통령은 평양을 이렇게 방문하기로 했습니다.

평양시민 여러분, 사랑하는 동포 여러분, 오늘 김정은 위원장과 나는 한반도에서 전쟁의 공포와 무력 충돌의 위험을 완전히 제거하기 위한 조치들을 구체적으로 합의했습니다. 또한 백두에서 한라까지 아름다운 우리 강산을 영구히 핵무기와 핵 위협이 없는 평화의 터전으로 만들어 후손들에게 물려주자고 확약했습니다. 그리고 더 늦기 전에 이산 가족의 고통을 근원적으로 해소하기 위한 조치들을 신속히 취하기로 했습니다.

나는 나와 함께 이 담대한 여정을 결단하고 민족의 새로운 미래를 향해 뚜벅뚜벅 걷고 있는 여러분의 지도자 김정은 국무위원장께 아낌없는 찬사와 박수를 보냅니다.

평양시민 여러분, 동포 여러분, 이번 방문에서 나는 평양의 놀라운 발전상을 보았습니다. 김정은 위원장과 북녘 동포들이 어떤 나라를 만들어 나가고자 하는지 가슴 뜨겁게 보았습니다. 얼마나 민족의 화해와 평화를 갈망하고 있는지 절실하게 확인했습니다. 어려운 시절에도 민족의 자존심을 지키며 끝끝내 스스로 일어서고자 하는 불굴의 용기를 보았습니다.

평양시민 여러분, 동포 여러분, 우리 민족은 우수합니다. 우리 민족은 강인합니다. 우리 민족은 평화를 사랑합니다. 그리고 우리 민족은 함께 살아가야 합니다. 5천 년을 함께 살고 70년을 헤어져 살았습니다. 나는 오늘 이 자리에서 지난 70년 적대를 완전히 청산하고, 다시 하나가 되기 위한 평화의 큰 그림을 내딛자고 제안합니다.

김정은 위원장과 나는 북과 남 8천만 겨레의 손을 굳게 잡고 새로운 조국을 만들어 나갈 것입니다. (…) *

---

*　주애틀랜타 대한민국 총영사관 공지.

기성 언론과 다른 시각으로

1988년, 우리나라는 변화의 문턱에 서 있었다. 특히 1987년 민주항쟁 이후에도 언론은 여전히 권력의 눈치를 보며 국민의 목소리를 온전히 담아 내지 못했다.

이런 문제의식은 언론계 내부에서도 오래전부터 제기되었다. 1970년대 중반, 《동아일보》와 《조선일보》의 기자들은 자유로운 취재와 보도를 주장하다가 해직되었고, 그들은 각각 '동아투위'와 '조선투위'라는 이름으로 언론 자유를 위한 운동을 이어갔다. 1980년에는 전두환 정권의 언론 통폐합 조치로 수많은 기자와 방송인이 직장에서 쫓겨났다. 이들은 훗날 시민들과 함께 자본을 모아 지금까지 대한민국 언론사, 아니 세계 언론사에 유례없는 '국민주 모금' 방식으로 신문을 창간했다. 그 신문이 바로 《한겨레신문》오늘날《한겨레》이다.

1988년 5월 15일에 창간호가 발행된 《한겨레신문》은 당시에 선례가 없는 시민 참여형 언론이었다. 시민 약 6만 명이 주식 공모에 참여하며 설립 자금을 마련했고, 조직과 운영 역시 독립성을 중심으로 구성되었다. 기존의 신문과는 달리 권력과 자본의 간섭 없이 편집권을 행사하고자 했으며, 이러한 방향성은 창간사에 명확히 드러나 있다.

창간사는 언론인 송건호의 몫이었다. 창간사에서 그는 《한겨레신문》의 정신을 명확히 밝히고, 언론이 국민 대중의 입장에서 볼 것이라고 강조한다.

송건호는 통신사 기자로 시작해서 1974년에 기자들의 자유언론실천선언에 동조하고 언론계를 떠날 때까지 줄곧 언론인이었고, 군사 정권의 탄압에 맞서면서 민주언론운동협의회를 이끌고 월간지 《말》을 창간했다. 이후 해직 기자들과 함께 《한겨레신문》을 창간하고, 초대 대표이사이자 발행인을 맡았다.

언론인 송건호는 글을 쓸 때마다 항상 30년, 40년 후에 자신이 쓴 글이 어떤 평가를 받는지 생각하고 또 먼 훗날에도 욕을 먹지 않는 글을 쓰겠다고 다짐했다고 한다. 크게는 이 민족을 위해서 작게는 자기 자식들을 위해서 '더러운 이름'을 남길 수 없었기 때문이다.

《한겨레신문》 창간사

(…) 우리는 다음과 같은 원칙에서 앞으로 새 신문을 제작하고자 한다.

첫째, 한겨레신문은 결코 특정 정당이나 정치세력을 지지하거나 반대하는 것을 목적으로 하지 않을 것이며, 절대 독립된 입장, 즉 국민 대중의 입장에서 장차의 경치·경제·문화·사회문제들을 보도하고 논평할 것이다. (…) 우리가 특별히 야당 여당 할 것 없이 어떠한 정치세력과도 특별히 가까이하지도 않고, 특별히 적대시하지도 않고 오로지 국민 대중의 이익과 주장만을 대변하겠다는 이유가 여기에 있는 것이다. (…) 우리는 한겨레신문이 정치적으로 절대 자주독립적임을 거듭 밝히고자 한다.

둘째, 한겨레신문은 절대로 특정 사상을 무조건 지지하거나 반대하지 않을 것이며, 시종일관 이 나라의 민주주의 실현을 위해 분투 노력할 것이다.

우리는 오늘의 현실에서 크게 벗어나지 않는 범위 안에서 사상적으로 자유로운 입장임을 거듭 밝힌다.

한겨레신문이 이 사회에 민주주의 기본질서를 확립하고자 하는 염원 외에는 어떠한 사상이나 이념과도 까닭 없이 가까이하거나 멀리하지 않을 것을 밝히고자 하는 것이다. (…) 자유롭고 독립된 언론은 따라서 권력의 방종과 부패를 막고 국민의 민권을 신장하여 사회 안정을 기할 수 있는 가장 믿을 수 있는 운동이랄 것이다.

이 나라의 민주화는 남북 간의 관계개선을 위해서 특히 동족의 군사대결을 지양하고 통일을 이룩하는 데 있어 절대적인 조건이 될 것이다. (…) 따라서 민주화는 남북문제 해결에 불가결의 조건이 되나 한편 남북관계의 개선은 민주화를 위해 불가결의 조건이 된다는 것을 깨달아야 한다. 민주화와 남북관계 개선을 떼어서 생각할 수 없는 한 가지 문제의 표리를 이루고 있다는 것을 깨달아야 한다. 남북통일 문제는 전 민족의 이해관계와 직결된 생사가 걸린 문제로서, 어느 누구도 이를 독점할 수 없으며, 이런 뜻에서도 민주화는 기필코 실현되어야 한다. 한겨레신문은 따라서 이 나라에 이제까지 이데올로기로서만 이용되어온 민주주의와 자유로운 언론을 실현하기 위해 앞장서 노력할 것이다. (…)

한겨레신문은 실로 4천만 국민의 염원을 일신에 안고 있다 해도 과언이 아니다. 따라서 한겨레는 기성 언론과는 달리 집권층이 아닌 국민대중의 입장에서 나라의 정치·경제·사회·문화를 위해서가 아니라 밑에서 볼 것이다. 기성 언론과는 시각을 달리할 것이다.

41

경제정의 실천은 역사적 과제

1987년부터 시작된 '6월 항쟁'은 여러 부문에서 한국의 민주화를 추동하는 혁명적인 운동이었다. 우리의 민주주의가 다시 한번 아래로부터 치솟은 민중운동에서 발원함을 보여 주었다.

이 6월 항쟁의 공간에서 많은 조직과 단체가 만들어졌다. 1989년 11월 4일 출범한 경제정의실천시민연합경실련도 그 가운데 하나이다. 경실련은 지금도 꾸준히 활동하는 대표적인 시민단체로 자리매김했다.

1980년대 말의 한국 사회는 정치적 변화의 물꼬가 터졌으나 제도적 개혁만으로 사회 전체의 정의가 바로 서지는 않았다. 당시 우리나라 토지 소유자 5%가 전국의 토지 65.2%를 소유했다. 군사독재 치하에서 경제건설이라는 이름으로 유사 이래 가장 큰 특혜를 입으며 성장한 소수의 재벌이 모든 분야에 막강한 영향력을 끼치는 '재벌공화국'이었다.

시민들은 토지의 일부 계층 쏠림 현상, 날로 심해지는 양극화 현상에 불안을 느꼈다. 부동산 투기가 서민들의 생계를 위협하는 이때 경제 정의라는 기치를 내걸고 이러한 현실을 극복하고자 경실련이 창립되었다.

경실련은 정치적 참여를 넘어 경제 구조의 변화를 촉구하는 시민운동의 새로운 장을 열었다. 경실련은 토지 소유의 불균형과 정경유착, 불공정한 자본 구조를 비판하며 경제정의의 실현을 목표로 삼았다. 그들은 단지 문제를 지적하는 데 그치지 않고, 입법 제안과 정책 감시를 통해 직접 제도 개선을 이끌어 내기 시작했다.

경실련은 국회의원의 활동을 감시하는 의정감시단을 운영했고, 부동산·토지 정책에 대한 철저한 조사와 분석을 바탕으로 시민들이 제대로 된 정보를 접할 수 있도록 했다. 재벌 중심의 경제 질서에 대해 비판의 목소리를 냈으며, 기업들의 불공정 관행에 대해 지속적으로 문제를 제기했다. 소비자의 권리를 보호하고 공공요금의 합리성을 따지는 등 생활과 밀접한 영역에서도 시민의 입장을 대변했다.

경실련의 활동은 단순한 항의나 반대를 넘어, 구조적 대안을 제시하고 이를 제도화하는 데까지 이르렀다. 이는 기존의 시민운동이 정치에만 초점을 두던 틀을 넘어 경제 참여의 가능성을 시민들 스스로 확보해 낸 사례였다.

경실련의 창립과 그 정신은 시민의 각성과 실천의 출발점이었다.

경제정의실천시민연합 경실련 발기선언문

　우리 사회의 경제적 불의는 더 이상 방치할 수 없는 상태에 이르렀다. 도시 빈민가와 농촌에 잔존하고 있는 빈곤은 인간다운 삶의 가능성을 원천적으로 박탈하고 있으며, 경제력을 독점하고 있는 소수 계층은 각계에 영향력을 행사하여 대다수 국민들의 의사에 반하는 결정들을 관철시키고 있다.

　만연한 사치와 향락은 근면과 저축의욕을 감퇴시키고 손쉬운 투기와 불로소득은 기업들의 창의력과 투자의욕을 소멸시킴으로써 경제성장의 토대가 와해되고 있다. 부익부 빈익빈의 격심한 양극화는 국민 간의 균열을 심화시킴으로써 사회 안정 기반이 동요되고 있으며 공공연한 비윤리적 축적은 공동체의 기본 규범인 윤리 전반을 문란케 하며, 우리와 우리 자손들의 소중한 삶의 터전인 이 땅을 약육강식의 살벌한 세상으로 만들고 있다.

경제적 불의의 만연으로 인하여 현재 우리의 공동체는 와해 직전의 위기에 처하여 있다.

부동산투기, 정경유착, 불로소득과 탈세를 공인하는 금융가명제, 극심한 소득격차, 불공정한 노사관계, 농촌과 중소기업의 피폐 및 이 모든 것들의 결과인 부와 소득의 불공정한 분배, 그리고 재벌로의 경제적 집중, 사치와 향락, 공해 등이 사회에 범람하고 있는 경제적 불의를 척결하고 경제정의를 실천함은 이 시대 우리 사회의 역사적 과제이다.

이의 실천 없이는 경제성장도, 산업평화도, 민주복지사회의 건설도 한갓 꿈에 불과하다. 이 중에서도 부동산 문제의 해결은 가장 시급한 우리의 당면과제이다. 인위적으로 생산될 수 없는 귀중한 국토는 모든 국민들의 복지증진을 위하여 생산과 생활에만 사용되어야 함에도 불구하고 소수의 재산증식 수단으로 악용되고 있다. 토지 소유의 극심한 편중과 투기와 그로 인한 지가의 폭등은 국민생활의 근거인 주택의 원활한 공급을 극도로 곤란하게 하고 있을 뿐만 아니라, 물가상승 및 노사분규의 격화, 거대한 투기 소득의 발생 등을 초래함으로써 현재 이 사회가 당면하고 있는 대부분의 경제적 사회적 불안과 부정의의 가장 중요한 원인으로 작용하고 있다.

정부 정책에 대한 국민들의 자유로운 선택권이 보장되며 경제적으로 시장 경제의 효율성과 역동성을 살리면서 깨끗하고 유능한 정부의 적절한 개입으로 분배의 편중, 독과점 및 공해 등 시장 경제의 결함을 해결하는 민주복지사회가 자유와 평등, 정의와 평화의 공동체로서 우리가 지양할 목표이다.

사회의 발전은 저절로 주어지는 것이 아니며 곤란을 극복하는 구성원들의 자주적인 노력에 의해서만 달성된다. 민주복지사회의 건설도 시민 모두의 적극적인 실천을 통해서만 달성된다. 우리는 모든 계층의 국민들의 선한 의지와 힘을 모으고 조직화하여 경제정의를 실천하기 위한 비폭력적이며 평화적인 시민운동을 힘차게 전개할 것이다. 우리는 경제정의 실현을 위한 정부와 국회의 노력은 적극 지원할 것이지만 이를 방해하려는 움직임은 그 어떤 경우에도 단호히 거부하고 비판할 것이다.

탐욕을 억제하고 기쁨과 어려움을 이웃과 함께하면서 경제정의, 나아가 민주복지사회의 건설을 위하여 이 시대 이 땅을 살아가는 한 시민으로서의 사명을 다할 것을 굳게 다짐한다. 이제 우리 모두 과거의 안일한 이기주의를 떨쳐 버리고 함께 일어나 경제정의의 실천을 위하여 발언하고 행동하자.

우리의 실천과제

—모든 국민은 빈곤에서 탈피하여 인간다운 삶을 영위할 권리가 있다.
—비생산적인 불로소득은 소멸되어야 한다.
—자기 인생을 자유롭게 선택할 수 있도록 경제적 기회균등이 모든 국민에게 제공되어야 한다.

　―정부는 시장 경제의 결함을 시정할 의무가 있다.

　―진정한 민주주의를 왜곡시키는 금권정치와 정경유착을 철저히
　척결되어야 한다.

　―토지는 생산과 생활을 위해서만 사용되어야 하며 재산 증식 수
　단으로 보유되어서는 안 된다.*

*　《신동아》 1990년 1월호 별책부록 『선언으로 본 80년대 민족·민주 운동』, 동아일보사, 1990,
275~276쪽.

42

한국 여성 운동의 지표

우리나라의 여성운동은 초기에는 일부 종교 단체나 선교 기관을 중심으로 전개되었고, 개인적인 실천도 중요한 역할을 했다. 일제 강점기에는 여성의 시민권이나 정치권 등은 존재하지 않았고, 해방 이후에도 여성의 권리는 법적으로 일부 보장되었으나 사회 구조는 여전히 남성 중심적이었고 여성은 정치·사회 분야에서 참여가 매우 제한적이었다.

1970~80년대에 들어서면서 '여성 해방 운동'이라는 말도 사용되고, 여성 문제를 조직적으로 제기하는 단체들이 등장하기 시작했다. 이들은 차별받는 여성의 목소리를 조금씩 대변하며 점차 사회적 변화를 이끌었다.

'부천서 성고문 사건'은 여성 운동의 분기점이 되었다. 그 사건을 계기로 '여성평우회' 등 새로운 여성 인권 단체들이 등장했고, '여성의 전화' 등 기존 단체들도 여성 문제에 더 적극적으로 대응하기 시작했다. 여성들은 기존의 종교나 자선 중심 활동을 넘어 성폭력, 노동, 복지, 민주주의 문제에 적극적으로 참여하기 시작했다.

1987년 2월에는 전국의 21개 여성 단체가 뜻을 모아 '한국여성단체연합'을 만들었다. 이는 여성운동이 단일한 의제를 넘어서 사회 구조 전반에 대한 문제의식을 품기 시작했다는 점에서 중요한 전환점이었다.

창립 직후 발표된 별도의 선언문은 없었다. 두 달 뒤인 3월 8일에 열린 '제3회 한국여성대회'에서 발표된 「87 여성운동 선언문」에 한국여성단체연합의 창립 정신과 목표가 담겨 있다.

이 선언문은 당시의 정치 상황과 여성 현실을 반영해 여성운동이 민족의 민주화와 자주화를 위한 사회 운동의 일부임을 밝혔다. 더 나아가 여성 운동이 민중의 생존권 확보와 민주화 달성을 위한 투쟁을 중점적으로 행해야 하며, 서로 연대하고, 민족의 자주화와 민주화를 위한 범국민적인 운동에 앞장서야 한다고 강조한다.

여성 문제는 특정 집단의 이슈가 아니라, 공정성과 인권의 문제이며 민주주의를 꽃피우기 위한 구성 요소의 하나이다. 「87 여성운동 선언문」은 여성 운동이 단지 성평등의 문제에 머물지 않고, 시대 변화의 주체로 자리 잡아야 한다는 인식을 처음으로 공식화하고, 한국 여성 운동을 사회 민주화 운동의 위치에 올려놓았다.

87 여성운동 선언문

　　1987년은 민족의 자주화와 민주화 달성을 위해 그 어느 때보다도 결단과 실천이 요구되는 해이다. 세계 여성의 날을 맞이하여 한국여성단체연합은 민족의 현실 속에서 한국 여성운동이 나가야 할 바를 밝히고자 한다.

　　오늘날 민족의 현실은 외세에 의해 강요된 민족 분단이 남북한 간의 군비경쟁과 이데올로기 대립으로 더욱 고착화되고 있으며, 평화와 통일을 바라는 민족의 염원과는 달리 한반도를 핵전쟁의 위험으로까지 내몰고 있다. 뿐만 아니라 지난 20년간 진행된 외국 자본과 외국 시장에 전적으로 의존한 경제정책은 날로 늘어가는 외채 부담과 경제 잉여의 해외 유출로 인해 국민경제를 예속화시키고, 미국의 계속되는 수입 개방 압력은 이 땅을 경제적으로 식민지화하고자 하는 외세의 논리이다.

　　소수의 자본가와 외세의 이익을 대변하는 현 정권은 장기 집권을 위해 내각책임제라는 형태의 음모를 노골화시키고, 터져 나오는 국민들의 반외세 반독재의 외침을 누르기 위해 고문과 구속에 의한 사건 조작과 파렴치한 성고문, 살인 고문마저 서슴지 않고 있으며 보도지침을 통한 언론통제로 국민들을 호도하고 있다.

하루 10시간이 넘는 장시간 노동과 최저생계비에도 못 미치는 기아 임금으로 여성들은 노동 현장으로 내몰리고 있다. 농촌에서는 무분별한 외국 농·축산물 수입과 저농산물 가격으로 농가 경제는 파탄에 이르고 농촌 여성은 힘겨운 농사와 가사에 허리 펼 날이 없다.

민족의 대제전으로 선전되는 88올림픽 개최의 이면에는 생계 대책과 잠잘 자리조차 빼앗긴 영세 행상인, 노점상, 도시 빈민 여성의 아픔이 있다. 또한 외화 획득이라는 미명하에 정책 산업화된 기생관광은 가난한 우리의 딸들을 국제적인 매춘부로 만들고 있다. (…)

이러한 현실 인식 위에서 우리는 지난 몇 년간의 여성운동이 눈부신 발전을 하였음을 알고 있다. 단순한 여성의 지위 향상이나 법적 개선이나, 몇몇 계층의 점유물에서 벗어나 민족의 자주화를 이룩하기 위한 반외세 투쟁, 정치적인 억압으로부터 민주주의와 남녀평등을 쟁취하기 위한 민주화 투쟁, 생존권 확보 투쟁으로 성장해 왔다. 그러나 여성운동의 양적 확산이나 질적 발전을 위해 해결해야 할 과제들이 많이 있다.

첫째, 각 단체별로 여성운동의 대중적 기반을 확보할 수 있는 다양한 실천 활동이 이루어져야 한다. 이러한 대중적인 실천 활동은 여성 일반적인 문제뿐만 아니라 특히 민중의 생존권 확보와 민주화 달성을 위한 투쟁을 중점적으로 행해야 한다.

둘째, 올바른 여성운동의 방향을 정립하는 문제이다. 남녀평등과 인간해방을 쟁취하기 위해서는 올바른 이론의 정립이 필요하다.

셋째, 연대의 방식이다. 사건에 따른 단속적인 대책 활동 중심의 연대를 통일된 입장 속에서 지속적인 실천 활동을 이끌어 나갈 수 있는 방식으로 변화시켜야 할 것이다.

넷째, 민족의 자주화와 민주화 달성을 위한 범국민적인 투쟁에 여성운동이 앞장서야 한다. 민족의 자주화와 민주화에 앞장서는 여성운동으로, 생존권 확보를 위한 치열한 운동으로, 남녀평등 쟁취를 위한 끊임없는 투쟁으로서만이 여성운동의 발전을 이룩할 수 있음을 확신하면서 다음과 같은 주장으로 1987년 여성운동의 지표를 설정하고자 한다.

우리의 주장

1. 외세에 의해 강요되는 민족 분단의 고착화와 한반도의 핵기지화를 반대한다.
2. 국민의 희생을 강요하는 반민족적인 정치, 경제, 군사정책을 반대한다.
3. 현 정권의 장기 집권을 위한 내각책임제안를 결사 반대한다. 언론·집회·결사·출판의 자유와 민중의 생존권 투쟁을 불법화하고 있는 각종 악법을 철폐하라.

4. 전근대적인 가족법을 개정하고 민주적이고 평등한 남녀평등권
   을 쟁취하자.
5. 여성 노동자의 모성과 생존을 보장할 수 있는 8시간 노동제와 최
   저생계비 보장, 노동 환경의 개선과 모성보호를 위한 제정책을 수
   립하라.
6. 여성 농민의 모성과 생존을 보장하기 위해 저농산물 가격 정책과
   외국 농·축산물 수입을 즉각 중단하고 농가 부채의 탕감과 모성
   보호를 위한 각종 시설과 탁아소를 설치하라.
7. 빈민 여성의 모성과 생존을 위협하는 각종 철거 정책을 즉각 중
   단하라.
8. 여성을 상품화하는 기생관광 정책을 중단하라.
9. 취업·승진·퇴직에서의 여성차별을 즉각 시정하라.*

* 《신동아》 1990년 1월호 별책부록 『선언으로 본 80년대 민족·민주 운동』, 동아일보사, 1990,
248~249쪽.

한국 교회 새로 태어나야

1970~80년대 대한민국의 민주화 운동에서 천주교의 역할은 컸다. 유신과 군사 독재의 어둠에 휩싸였던 시기에 이들은 양심과 정의를 소리 높여 외쳤다. 그 중심에는 함세웅 신부가 있었다.

함세웅은 1974년에 '천주교정의구현전국사제단'이 만들어지는 데 앞장섰다. 사제단은 단순히 종교적 집단을 넘어, 권위주의에 항거하고 사회정의를 실현하려는 운동의 구심점이었다. 함세웅은 '민주회복국민회의'의 대변인으로도 활동하며 재야 인사들과 연대했고, 정부에 저항하는 지식인, 학생, 노동자들과 함께 민주화 투쟁을 이끌었다.

유신 독재에 맞서다가 두 차례 투옥되기도 했으나 그의 신념은 꺾이지 않았다. 전두환 군사정권 시절에도 그의 투쟁은 꿋꿋하게 이어졌다. 그는 늘 교회가 고통받는 이들의 편에 서야 한다고 믿었고, 이를 실천하는 삶을 살았다. 그에게 신앙은 곧 행동하는 정의였다. 지금도 그는 민주와 정의를 이 땅에 정착시키기 위한 길을 올곧게 걷고 있다.

1990년대 초부터 한국 사회는 군부 통치에서 벗어나 점차 민주화의 길을 걷기 시작했다. 그래도 함세웅 신부는 멈추지 않았다. 그는 1993년에 『멍에와 십자가』라는 책을 펴냈다. 그가 평생 품어 온 신념, 교회관, 신앙관, 사회에 대한 책임 의식 등을 담은 책이다. 그는 한국 교회가 새롭게 태어나야 하며, 교회가 사회비판적 기능을 해야 한다고 주장한다. 이와 함께 멍에는 부수고 십자가는 짊어지며, 교회와 신앙인은 진지하게 성찰해야 한다고 말한다.

이 책에 실린 글 가운데 특히 「한국 천주교회에 대한 민족사적 반성과 신학적 성찰」이라는 논설은 당시 교계는 물론 사회 전반에 깊은 울림을 주었다.

그는 이 글에서 교회가 민족의 아픔에 대해 반성하고 책임을 져야하며, 단지 영혼을 구원하는 기관이 아니라 민중과 함께 눈물 흘리고 싸우는 교회가 되어야 한다고 강조했다.

함세웅 신부는 이후에도 더 나은 세상을 위한 운동을 멈추지 않았다. '민주화운동기념사업회' 설립을 주도했고, '민주주의를 위한 역사문화포럼'을 조직했으며, '민족문제연구소'와 '항일영상기념관' 등 기억과 정의를 기록하는 작업에도 힘썼다. 천주교 신부가 보통 용기와 식견이 없다면 이런 글을 쓸 수 없다.

한국 천주교회에 대한 민족사적 반성과 신학적 성찰

"역사적으로, 새로운 사상과 종교는 언제나 기존의 가치와 수구적 문화권에 의해 거부되고 제동받아 왔다. 18세기 말 천주교가 이 땅에 수용될 당시의 경우도 예외는 아니었다. 어쨌든 당시 천주교는 많은 구도자들에게 신선한 청량제가 되었다. 특히 양반, 상민 등이 엄존한 계급사회에 만민이 평등한 형제자매라는 가르침은 충격적인 매력이었으며 또한편으로는 당시 권력층에 의해 천주교가 거부되고 박해받는 중요한 이유가 되기도 했다. 이른바 서학 사상은 초기 남인의 소장학자를 중심으로 연구의 대상이 되다가 서민 대중, 곧 중류와 상민층에 뿌리를 내리게 되는데 이는 만민평등 사상이라는 획기적 가르침에 크게 기인한 것으로 여겨진다."

"믿음이란 무엇인가? 하느님에 대한 철저한 신뢰를 말한다. 보다 구체적으로 믿음이란 하느님을 설파한, 그리고 하느님 나라를 선포한 예수에 대한 철저한 추종을 뜻한다. 예수에의 추종, 그리스도를 철저히 따른다는 것은 결국 무엇인가? 그것은 예수를 본받는 것이다. 예수의 삶을 반복하는 것이다. 예수의 삶이란 십자가의 죽음을 통해서 이룩된 부활의 삶이다. 때문에 사도교부인 안띠오키아의 이냐시우스는 그리스도를 추종한다는 것은 필연적으로 순교의 길을 걷는 것이라고 역설했다. 순교란 하느님께 대한 철저한 신뢰의 완성된 결실이다."

"1945년 8월 15일을 우리는 일제로부터의 해방이라 불러 왔고 그렇게 배우고 가르쳐 왔다. 그러나 과연 8·15가 해방인가? 아니다. 그것은 공허한 개념뿐이다. 1945년 8월 15일은 일제의 자리를 미군정이 이어받았을 뿐, 결코 우리 민족의 해방이 아니었다는 사실을 우리는 이제야 깨닫게 된 것이다. 일본의 패전 소식을 듣고 우리의 손으로 조국의 독립과 해방을 이룩하지 못했던 김구는 바로 이를 예견했기에 땅을 치며 울었다. 김구의 예견은 적중했다. 상하이 임시정부는 민족의 희망이며 꿈이었다. 그런데 미군정에 의해 임시정부는 주권을 상실한 채 내 나라 내 땅에서도 여전히 망명정부일 뿐이었다. 아니, 해체되어 존재마저도 잃고 말았다. 민족의 긍지와 자존심이 여지없이 짓밟힌 또 하나의 수치며 죽음이었다."

"일제의 잔재를 청산치 못해 역사의식과 민족의식이 결여된 남한

사회는 이러한 원죄 때문에 아직도 중병을 앓고 있다. 되돌아온 악령의
비유『마태오복음』12:44 참조에서는 말끔히 치워지고 잘 정돈되어 있는 곳에도
다시 더 흉악한 악령 일곱을 데리고 온다 했거늘 하물며 치워지지도 않
고 정돈도 안 된, 청산되지 않은 한국 사회에 일제보다 더한 악령이 얼마
나 더 많이 쉽게 침입해 오겠는가 하는 무서운 생각이 든다.”

　　“쇄신의 노력과 증언의 삶을 펼치는 이들에게 장애가 만만치 않
았다. 대구에서 발간되는 《가톨릭시보》의 왜곡된 보도와 거짓 정보는
오원춘 사건의 보도가 그 대표적인 것으로 교회를 분열시켜 많은 이들
을 혼란케 했다. 주교단 또한 시국과 관련하여서는 꼭 특정한 지역의 입
김을 강하게 받은 양의적 문건을 결정적 시기에 발표하여 민주 세력을
방해하는 이중적 입장을 취했다. 그러나 국민적 열망과 신자들의 열정
은 이 모든 장애를 극복하고 올바른 내용을 파악하여 뜻있는 사제, 수도
자, 평신도들이 보여 준 한국 교회의 현실 개혁의 노력에 찬사를 아끼지
않았다. 이 시기는 참으로 시대적 요청과 국민의 바람이 교회의 제도를
넘어 교회의 참된 자기실현을 가능하게 했던 때라고 생각된다.”

　　“2천년대를 위한 복음화는 민족사적인 반성과 민족과의 합일이라
는 그리스도 강생에 대한 올바른 신앙고백과 그 실천을 통해서만 실현
된다. 복음화란 결코 공허한 개념이나 신자들의 물량적 증가 또는 행사
중심의 구호 운동이어서는 결코 안 된다. 복음화란 예수 추종의 장엄한

고백과 선언이며 올바른 가치관의 설정이다. 그것은 잘못된 과거에 대한 분명한 청산을 전제로 한다. 따라서 2천년대 복음화를 외치기에 앞서 우리는 잘못된 우리의 삶, 잘못된 우리의 과거를 공개적으로 성찰하고 고백해야 한다. 사실 20세기 교회의 새로운 모습을 일구어내고 새로운 방향을 설정한 제2차 바티칸 공의회의 기본정신인 아죠르나멘또 Aggiornamento와 쇄신, 갈라진 형제와 세상에 대한 개방적 자세, 특히 봉사와 대화 등을 바탕으로 한국 교회가 새로 태어나야 한다.*

* 함세웅, 『멍에와 십자가』, 빛두레, 1993.

작곡가의 뿌리는 조국

국민의 신뢰를 읽은 독재자는 권력을 유지하기 위해 희생양을 만든다. 1967년 제7대 총선은 박정희 영구집권을 위한 개헌선을 구축하기 위한 부정선거였다. 이를 모를 리 없는 국민은 거세게 저항했다. 이때 중앙정보부가 나서서 충격적인 사건을 발표했다. "문화예술계의 윤이상·이응로, 학계의 황성모·이석진 등 194명이 대남 적화공작을 벌이다 적발"된 무시무시한 간첩단 사건이었다. 이른바 '동백림 사건동베를린 사건'이었다.

이 사건은 규모나 등장 인물의 면면에서 역대급이었다. 부정선거 규탄 등 당시 모든 정치 이슈를 빨아들이는 블랙홀이 되었다. 중앙정보부는 이들이 동베를린에 있는 북한대사관을 드나들면서 이적 활동을 했다고 발표했다. 그러나 최종심에서 간첩죄가 인정된 사람은 단 한 명도 없었다.

동베를린 사건에 연루되었던 윤이상은 1956년에 서베를린 음악대학에 유학하여 서양 음악의 기교와 한국의 궁중 제례 음악 등을 통해 고유한 새로운 음악을 만들고자 시도했다. 재판에서 밝혔듯이, 그가 북한을 방문한 것도 이데올로기 차원이 아니라 예술 활동을 위한 길이었다. 그러나 이런 설명은 철저히 무시되었고, 그는 고문과 강압적 수사 끝에 간첩단 조작 사건의 희생양이 되어 끝내 10년형을 선고받았다.

국제 사회는 침묵하지 않았다. 서독과 유럽의 음악계가 그의 석방을 요구했고, 세계적인 작곡가들이 항의의 연주회를 이어갔다. 마침내 그는 1969년에 풀려나 다시 독일로 돌아갔다. 한국에서는 죄인 취급을 받았으나 세계는 그를 음악의 철학자로 대했다.

조국에서 추방된 예술가였으나 그는 조국을 외면하지 않았다. 그러던 1980년, 광주민주항쟁 소식을 전해 듣고 10일을 밤새워 가며 교향시 단악장 형식의 관현악곡를 썼다. 〈광주여 영원하라〉였다. 피로 물든 조국의 땅을 떠올리며, 관현악의 언어로 저항과 애도의 감정을 그려 냈다.

이 곡은 서독과 미국, 일본 등지에서는 연주되었으나 그가 그토록 바랐던 고국에서는 연주를 허락하지 않았다. 대한민국 정부는 그의 귀국을 허용하지 않았고, 윤이상은 1995년에 독일에서 생을 마감했다.

1989년에 한국의 음악 전문지 《음악동아》 3월호에 윤이상의 글 한 편이 실렸다. 그의 예술관과 조국을 향한 그리움과 사랑, 역사를 마주하는 작곡가의 철학이 담겨 있는 「나의 조국, 나의 음악」이라는 글이다.

나의 조국, 나의 음악

나에게는 조국과 음악이라는 두 가지 개념이 깊은 상관관계 속에 있다. 나의 음악은 나의 조국 속에서 태어났고, 나의 조국은 나의 음악을 그 자식으로 받아들임으로써 다시 더 풍요한 음악을 낳을 수 있는 소지를 만들 것이다.

'조국'이란 말은 쓰는 사람에 따라 그 내용과 무게가 다르다. 많은 미국 사람들은 이 말을 쓰기에는 착잡한 심정일 것이고, 일본 사람들은 금권金權의 세력 때문에 벌써 이 말의 진가를 모르고, 서유럽의 안정된 국가들에서는 예술가나 젊은 세대까지도 이 말을 쓰지 않고 오히려 경멸하는 것처럼 보인다. 그 대신 유린당한 민족들, 예를 들어 이스라엘이나 팔레스티나, 라틴아메리카 등등의 민족들에게는 '조국'이라는 이 말은 다시 없는 귀중한 정신적인 원천源泉이다.

나에게는 이 '조국'이란 말을 다른 많은 우리 동포들처럼 깊이 사랑해야 할 이유가 있다. 내가 우리 땅에서 태어난 지 70여 년 동안 한 번도 조국의 진정한 자유를 얻지 못했었다. 조국이란 말의 알맹이가 대부분 '민족'이란 말로 대치될 수 있다면, 우리 민족은 이민족에게도 종노릇하고, 같은 민족의 어느 특수권력에게도 또한 무참히 짓밟혀왔었다. 그러나 나는 어릴 적부터 우리 민족의 슬픈 역사도 배웠고, 또 아름다운 예술의 유산도 배웠다.

그리고 최근까지 내 동족에 의해 우리 순결한 민족은 마치 숫처녀가 폭한에게 강간을 당하듯 맹목적으로 유린당했고, 게다가 병적인 사디스트들에게 칼부림을 당하여 만신이 피투성이가 되었다.

나는 어릴 적부터 음악적으로만 예민했던 것이 아니라 강한 정의감을 가지고 있었던 모양이다. 나는 일제 때에 일본에 항거하려다 감옥살이를 하였고, 박정권朴政權 때에는 정권의 폭력에 의해 납치와 고문을 거쳐 생사를 헤매었고, 또 전정권全政權 때에도 많은 민주항쟁과 구명운동에 가담하였었다. 그래서 나는 내 평생을, 특히 유럽 생활 33년을, '조국'은 깨어졌지만 귀중한 보물을 등에 업고 동분서주하면서, 한쪽으로는 나의 조국의 생명의 안전과 분단된 민족의 화합을 위하여, 또 한쪽으로는 조국이 나에게 남겨준 귀중한 예술적 보물을 아끼고 갈고 닦아서 거기에 새로운 생명력을 불어넣고, 우리 민족이 나아가야 할 새 시대의, 음악의 표현과 정신적 알맹이를 추구한 것이다.

음악은 특권자들을 위한 성찬 식탁 위의 금잔金盞에 담긴 향내 나는 미주美酒의 역할만을 할 수가 없다. 음악은 때로는 깨어진 뚝배기 속에

선혈鮮血을 담아 폭군의 코앞에다 쳐들고 그 선혈을 화염으로 연소시키는 강한 정열을 뿜어야 한다.

내가 1950년대 말에 유럽 현대 음악계에 처음 등장하였을 때, 세계의 작곡계는 한창 전통의 파괴와 극도의 추상성의 추구와 개성의 부인 그리고 기법의 고도의 지능화로, 말하자면 무한한 '전위적' 태도와 음音의 '계산화'가 한창이었다. 거기에는 '영감' '감성' '민족성' '인간성' 따위의 용어들은 배척되고 음악 속에서도 그것들을 찾기 힘들었다. 나는 우선 작곡가로서의 나의 자리를 얻기 위해서 12음 기법으로 작품을 썼으나, 나의 '모국母國의 전통'에서 귀중한 음악적 요소를 찾아 조심스럽게 작품을 써나갔다.

그리하여 1966년에 서독의 도나우에싱겐 음악제에서 나의 〈예악禮樂〉을 발표하였는데, 이 곡은 그때에 가능한 모든 작곡적인 환경 속에서 나의 조국이 나에게 준 음악적인 보재寶材에 최선을 다한 곡으로, 후일 나의 작곡 노선에 튼튼한 토대가 되었다.

예술가는 누구도 한번 도달한 영역에 그대로 머무를 수는 없다. 항상 새로운 소재와 새로운 문제에 부닥쳐 전진해야 한다. 그래서 내가 그때 도달한 〈예악〉으로서의 성공이 나에게는 무거운 짐이 되었다. 나는 그때까지 설정한 평면적인 '주요음主要音' '주요음향'을 사향적斜向的으로 사용하기 시작했고, 또 이것을 절단시켜서 시간적으로 '디딤돌'처럼 연결시켰다. 이리하여 나의 음악이 우리 민족 속에 오래 흘러오는 선적線的인 미美를 탐구한 지 약 15년 만인 1975년경부터 나는 나의 정신상에 오래 맺혀 있던 '인간성의 탐구'로 전진했다. 나는 그때 서유럽의 어느 작곡가보다도 앞장서서 그 작업을 시작한 것이다. 그래서 이 '인간성'에의 호소와 접근은 먼저 계속된 '협주곡'으로 자리를 굳혔다. 첼로협주곡, 이중협주곡, 플루투협주곡 등이 이 범주에 속한다.

이때에는 나의 정신세계가 내가 느낀 이른바 '동베를린 사건'에서 치른 심한 인간적 상처가 개인감정에서 순화되던 때이고 또 세계 정세가 원폭 경제 속에서 많은 사회적·정치적 갈등이 첨예화된 때이다.

서유럽의 작곡계는 나의 이런 '사회참여적' 또는 '인간성'에의 접근을 받아들였을 뿐 아니라, 스스로 젊은 작곡가들이 이에 따랐다. 그리고 지금 이 시점에서는 전 세계의 작곡계가 '옹색한 자기세계'를 탈피 또는 해방하여 모든 양식과 모든 정신적 태도가 자유롭게 경험하고 있다.

나의 5개의 교향곡은 나의 생애에서 이룬 나의 음악의 집대성이라 할 수가 있다. 여기에는 내가 1960년대에 토대를 굳힌 기법적·미학적 민족의식에서 꾸준히 전향前向하여 동양의 '지역성'에서 '세계에로의 확대'를 의미하는 것이나, 나의 작품의 근본적 위치는 포기하지 않고 그 근저에 깔려 있다.

서양의 음악사를 볼 때 어느 저명한 작곡가이건 다 그들의 조국_{이 말}은 민족 고유의 문화와 역사를 포괄하는 말로서에 그들의 예술을 뿌리박고 있다. 대별한다면 이탈리아 음악, 독일 음악, 프랑스 음악, 러시아 음악 등등.

어느 나라의 작곡가도 다른 나라 작곡가들이 흉내 낼 수 없는 귀중한 요소를 가지고 있다. 그렇기 때문에 대체로 독일 사람이 진정한 러시아 작품을 소화하기는 힘들고 또 다른 나라 사람들도 마찬가지이다. 특히 동양의 연주가들이 독일의 고전이나 낭만을 완전히 소화하려 할 때에는 더욱 그렇다.

앞에 쓴 바와 같이 나의 음악은 역사적으로는 나의 조국민족의 모든 예술적·철학적·미학적 전통에서 생겼고, 사회적으로는 나의 조국의 불행한 운명과 민족·민권 질서의 파괴, 국가권력의 횡포에 자극을 받아 음악이 가져야 할 격조格調와 순도純度의 한계 안에서 가능한 한 최대의 표현적 언어를 구사하려고 노력한 것이다.

음악은 구체적으로 말을 하지 않지만 듣는 사람으로 하여금 그 상상력을 불러일으키는 데에 강한 힘이 있는 것이다.*

---

*   동아일보 편집부, 《음악동아》, 3월호, 동아일보사, 1989.

"

나의 음악은 나의 조국 속에서 태어났고, 나의 조국은
나의 음악을 그 자식으로 받아들임으로써 다시 더 풍
요한 음악을 낳을 수 있는 소지를 만들 것이다.

"

45

새로운 문학 운동

대한민국의 민주화 운동의 변곡점이 된 1987년의 투쟁을 흔히 6월 항쟁이라 부르고, '넥타이 부대'의 참여를 그 특징으로 제시한다. 그러나 이러한 평가만으로는 충분하지 않다. 7~9월의 대대적인 노동 투쟁이 전개되면서 항쟁이 완성될 수 있었기 때문이다.

4·19 혁명, 부마항쟁, 광주 민주화 운동 등에는 어김없이 노동자 등 기층 민중이 참여했다. 실제로 희생자도 가장 많았으나 이들의 참여와 희생은 간략하게 소개되거나 크게 조명받지 못했다.

이러한 흐름 속에서 1989년 3월, '평범한 노동자를 위한 문예잡지'를 내세운 잡지가 창간되었다. 노동자의 삶을 문학으로 기록하려는《노동문학》이었다. '민족문학'이나 '노동해방' 같은 거대 담론보다 평범한 노동자들이 누구나 쉽고 재미있게 볼 수 있고 문학적 향기가 있는 잡지를 만들고자 했다.

창간 작업에는 편집장 김영현을 비롯해 이오덕, 박현채, 윤구병이 자문위원으로 참여했다. 아동 문학가이자 교육자였던 이오덕은 평생을 초등학교 교사로 지내며 아이들과 글을 쓰고 우리말을 지키는 데 힘썼다. 박현채는 재야 경제학자로, 민중의 삶을 바탕으로 경제의 흐름을 분석하고 사회의 구조를 비판적으로 바라본 인물이었다. 윤구병은 철학자이면서 농촌에서 공동체를 직접 운영했던 활동가로, 자연과 노동의 가치를 중시하고, 그것을 문학에 담는 데 관심을 두었다.

《노동문학》 창간사의 제목은 「평범한 노동자를 위한 문예잡지가 탄생하였습니다」였다. 1987년 민주화 대투쟁 이후 정치와 문화 어떤 분야에서도 노동자들의 말과 주장에 귀를 기울이지 않을 수 없게 되었다며, "문학이야말로 그동안 소외되어 왔던 노동자들의 삶과 느낌, 주장을 적절히 담아낼 수 있는 소중한 그릇"이라고 말한다. 그러면서 "보다 유익한 내용, 보다 높은 문학의 향기를 담고 있는 내용, 그러면서도 평범한 노동자들이 누구나 쉽고 재미있게 볼 수 있는 잡지"가 되도록 노력하겠다며 마무리한다.

같은 해 창간된 《노동해방문학》도 노동자를 위한 잡지였다. 《노동문학》과 달리 노동자의 계급 의식과 해방을 주제로 삼았고, 박노해, 백무산, 조정환 등이 참여하며 노동운동과 문학을 연결하는 노력을 기울였다.

평범한 노동자를 위한 문예잡지가
탄생하였습니다

지난 몇 년 동안 우리 사회는 안으로나 겉으로나 엄청난 변화를 겪어 왔습니다. 그 변화 속에서 특히 주목해야 할 변화는 노동자들의 사회적 진출입니다.

87년 6월의 민주화 대투쟁 이후 역사적인 7·8월 노동운동으로 이어지는 이 사회적인 진출은 각 현장 속에서 노동자들의 의식을 뒤흔들며 목소리를 높이는 결과를 가져왔습니다. 이제 정치·문화의 어떤 분야에서도 노동자들의 말과 주장에 귀를 기울이지 않을 수 없게 된 것입니다.

문학이라고 하여 예외일 수는 없겠지요. 아니, 문학이야말로 그동안 소외되어 왔던 노동자들의 삶과 느낌, 주장을 적절히 담아낼 수 있는 소중한 그릇인지도 모릅니다. 말이나 글을 모조리 배운 사람들, 매스컴과 가까운 사람들이 지배하던 시절에는 우리 노동자들이 아무리 할 말이 많고 쓰고 싶은 글이 많아도 반벙어리나 귀머거리 같은 취급을 당했습니다. 서점의 진열대에 꽂힌 수많은 책들 가운데에 노동자들이 읽을 수 있는 책, 읽고 싶은 책은 한 줌도 되지 않는 것이 그 증거입니다.

말하자면 노동자들은 자기 자신을 표현할 수 없는 부류라거나 표현해서는 안 되는 부류로 찍어 둔 것이었지요. 그러나 지금은 많은 것이 달라져 가고 있습니다. 세계는 분명히 변화를 하고 있는 것입니다. 문학에서도 이제 '노동문학'이라는 말이 공공연히 유행되고 있고 노동 현장의 모습이 문학 작품 속에서 중요하게 다루어지고 있습니다. 뿐만 아니라 요즈음 한창 논쟁을 벌이고 있는 민족 문학의 성격 문제 역시 노동자들의 이러한 문학 활동과 연관이 있는 것입니다.

실제로 요즘, 노동자들도 글을 쓰는 사람이 상당히 많아졌습니다. 이름이 드러난 몇몇 사람들 외에도 많은 노동자들이 자신의 생각이나 느낌, 경험을 기록해 두고 있는 경우가 많습니다. 각종 노동조합 화보나 문집, 그리고 문예 행사에 투고되는 작품의 양을 보면 알 수 있습니다.

글을 쓴다는 것은 인간다운 삶을 향한 최소한의 욕구이자 자기 확인이며 타인에게 자신을 알리는 자아실현의 의미를 가지고 있습니다. 그럼에도도 불구하고 정작 자신의 삶을 정직하게 그려 내는 노동자들은 드물다는 데에 문제가 있습니다.

자신의 생각이나 경험이 아니라 지금까지 우리의 눈과 귀를 막고 달콤한 이야기만 속삭이던 사람들의 생각이나 주장을 그대로 자기 것인 양 표현하는 노동자들이 많다는 것입니다. 또 그것을 문학이라고 생각하는 사람들도 많습니다. 이제 각 현장 속에서 조그만 문학 서클들이 많이 생기고 있고 그 속에서 '문학이란 무엇인가?', '노동문학은 어떤 방향으로 가야 하는가?' 등의 진지한 토론이 이루어지고 있음은 참으로 기쁜 일입니다. 우리는 여기에서 좋은 노동문학 작품들이 많이 쏟아져 나오길 기대합니다.

월간 '노동문학'은 바로 이러한 배경 속에서 탄생한 최초의 노동자 대중 문예잡지입니다. 보다 유익한 내용, 보다 높은 문학의 향기를 담고 있는 내용, 그러면서도 평범한 노동자들이 누구나 쉽고 재미있게 볼 수 있는 잡지가 없을까?

월간 '노동문학'은 항상 이 점에 유의할 것입니다. 이제 첫걸음을 시작하는 월간 '노동문학'에 많은 성원을 바랍니다.*

---

* 《노동문학》 창간호, 실천문학사, 1989.

문학이야말로 그동안 소외되어 왔던 노동자들의 삶
과 느낌, 주장을 적절히 담아낼 수 있는 소중한 그릇
인지도 모릅니다. 글을 쓴다는 것은 인간다운 삶을 향
한 최소한의 욕구이자 자기 확인이며 타인에게 자신
을 알리는 자아실현의 의미를 가지고 있습니다.

46

음악의 제자리를 찾아

대한민국 민주화 운동의 역사에서 음악인들의 역할은 매우 컸다. 그들의 음악은 조용하면서도 강력한 힘이 되었다. 거리와 광장에서 울려 퍼진 노랫말과 선율은 참여자들의 마음을 하나로 모으고, 서로의 정서와 투쟁의 목표를 공유하거나 연대하는 데 빠질 수 없는 요소였다.

민주화의 물결이 거세던 1980년대에 음악은 단순한 예술이 아니라 저항이었다. 왜색 음악이나 서양의 상업적 음악, 권력에 동원된 관제 음악의 그늘에서 억눌려 있던 민족음악이 민주화 운동의 광장에서 다시 살아났다. 장르를 넘어, 유명과 무명의 위상을 넘어, 신인과 기성의 벽을 넘어 모두가 광장에 열기와 동력을 불어넣어 주었다.

1989년 4월 19일, 민족음악이 생명력을 더욱 뚜렷하게 되찾는 또 하나의 계기가 마련되었다. 음악인 이건용을 비롯해 뜻을 같이하는 이들이 중심이 되어 '민족음악연구회'를 창립한 것이다. 4·19 혁명이 일어난

지 30여 년, 민족의 삶과 민주주의의 기억이 음악으로 이어지는 순간이었다.

이 연구회는 단지 음악을 다루는 곳이 아니었다. "양악과 국악이, 노래와 음악이, 전문과 비전문이, 전통과 현대가, 음악과 민족이, 이론과 실제가, 반성과 실천이, 음악과 삶이 만나 대화"하는 곳이었다. 이들은 음악을 통해 민족을 이해하고, 삶을 표현하고자 했다.

민족음악연구회는 《민족음악》이라는 회보도 창간했다. 이 잡지는 단순한 홍보지가 아니라 학술적이면서 대중적인 연구를 하고, 민족음악의 방향성과 가능성을 탐색하는 장이었다. 단순한 음악 형식이나 이론만이 아니라 민중과 함께하는 음악의 실천적 태도가 담겨 있었다.

민족음악연구회는 「민족음악연구회 창립선언문」을 통해 연구회의 목적을 분명히 밝혔다. 음악계 내부의 민주화를 위해 노력하고, 우리 음악적 전통 속에 존재하는 귀중한 유산을 창조적으로 발전시키고, 음악이 우리 민족과 민중의 삶 속에 건강하게 뿌리내리도록 노력하며, 민족예술을 더 발전시키는 데 노력하겠다고 다짐한다.

"이제는 우리 음악인들 역시 분단시대의 예술인으로서 외세를 극복하고 민족의 통일을 지향하며 민중적 삶에 충실한 민족음악을 창조해야 할 때"라고 한 민족음악연구회의 역할은 남달랐다.

민족음악연구회 창립선언문

　바야흐로 이 땅 곳곳에서는 참된 민주주의 실현과 조국의 통일대업을 이룩하려는 민족 자존의 함성이 힘차게 울려 퍼지고 있다.

　지난 40여 년 동안 분단과 독재의 지배 밑에서 신음하던 노동자·농민을 비롯한 기층민중들은 민중생존권 쟁취의 깃발 아래 자신의 빼앗겼던 자유와 권리를 되찾기 위하여 결연히 일어서고 있으며, 청년 학생·종교인·언론인·교사를 비롯한 각계각층 민중들도 자신들의 자주적인 지향과 요구를 실현하기 위하여 나서고 있다.

　가까이에서는 문화예술인들도 민족의 통일을 지향하며 민중의 삶에 기반을 둔 민족예술을 창조하기 위한 활동들을 힘차게 벌여 나가고 있다.

　이제는 우리 음악인들 역시 분단시대의 예술인으로서 외세를 극복하고 민족의 통일을 지향하며 민중적 삶에 충실한 민족음악을 창조해야 할 때이다.

이에 그동안 침묵과 방관의 두터운 벽 안에 스스로 안주해온 우리 음악인은 선배 음악인들의 빛나는 전통을 이어받아 인간을 위한 음악으로서 음악의 제자리를 다시 찾아야 하는 역사적 과제를 부여받고 있다.

우리 음악은 외세의 지배와 분단으로 말미암아 사회와 민족사에 뿌리박은 음악의 생산과 표현활동을 제대로 해 오지 못했으며 민족 구성원의 삶의 현장에 뿌리를 두는 대신 아직도 순수예술 지상주의적 사고가 갖가지의 모더니즘적 음악 형태들 속에서 횡행하여 우리의 건강한 창조성은 질곡에 빠져 있다.

그간 갖가지 연주회와 작품들이 수없이 발표되었지만 서양음악은 서양음악대로 전통음악은 전통음악대로 보수적이거나 극단적인 경향 속에 대중들로부터 외면당하고 있으며 우리의 대중들은 건강한 의식을 말살하는 저질 대중가요와 팝송·왜색가요로 인해 민족의 정신과 정서를 침해당하고 있는 현실이다.

이에 우리는 소수 엘리트만이 향유할 수 있는 오늘날 음악의 비민주성과 서양음악에 무비판적으로 매몰되어 있는 몰주체성을 반성하면서 이 시대의 참된 음악을 되찾고자 한다. 우리가 민족의 현실에 깊은 애정을 갖고 우리 민족이 나아가야 할 길을 함께 고민할 때만이 우리 음악예술은 그 창조성과 예술성을 부여받을 수 있을 것이다.

이러한 취지 아래 민족음악의 열망을 담아 이를 실천하기 위한 모임으로서 '민족음악연구회'의 창립을 선언하고자 한다. 우리 민족음악연구회는 다음과 같은 실천과제를 구현하기 위해 매진할 것이다.

첫째, 우리는 기존 음악계의 보수성·배타성·파당성 등을 극복하여 음악계 내부의 민주화를 위해 노력할 것이며 국악·양악·대중음악으로 갈라진 음악계를 올바른 민족음악의 관점에서 화해·지양·통일시켜 나갈 것이다.

둘째, 민족음악의 창작을 위해 우리의 음악적 전통 속에 존재하는 귀중한 유산을 개방적이고 비판적인 자세로 섭취하여 창조적으로 발전시켜 나갈 것이다.

셋째, 우리 민족의 자주화와 민주화, 평화적 통일에 대한 염원을 여러 종류의 음악적 실천으로 담아낼 것이며, 또한 음악이 우리 민족과 민중의 삶 속에 건강하게 뿌리내리도록 노력할 것이다.

넷째, 자주적 민족문화 건설을 위해 노력하고 있는 제반 문화예술 단체와 연대하여 공동 실천함으로써 민족예술을 보다 발전, 풍부하게 하는 데 노력할 것이다.

우리 민족과 민족음악의 밝은 미래를 위하여 모두 힘차게 나아가자!*

---

*　민주화운동기념사업회 오픈 아카이브, 「민족음악연구회 안내 및 가입신청서」.

"

그동안 침묵과 방관의 두터운 벽 안에 스스로 안주해 온 우리 음악인은 선배 음악인들의 빛나는 전통을 이어받아 인간을 위한 음악으로서 음악의 제자리를 다시 찾아야 하는 역사적 과제를 부여받고 있다.

"

47

지역의 근현대사 정립

민주주의로 가는 길목은 가파르고 험난하고 멀었다. 수많은 사람이 스스로 험난한 가시밭길을 마다하지 않고 걸었다. 이 고난의 가시밭길을 다 지나자 드디어 넓고 비옥한 곳이 모습을 드러냈다. 그곳에서 각종 '야생화'가 피어나기 시작했다.

독재정권은 민중의 소리를 통제하고 잡지 등 매체 발행을 엄격히 규제했다. 책과 잡지는 정권의 검열을 통과해야만 발행될 수 있었다. 1987년 6월 항쟁을 계기로 이런 규제가 서서히 풀리고 각종 간행물이 봇물 터지듯 선보였다.

월간지, 계간지, 무크지 등이 앞다투어 발행되었다. 한때나마 한국 지성계는 새로 발행되는 간행물들로 모처럼 르네상스를 맞이했다. 그 흐름 속에서 무크지 《역사와 현장》이 탄생했다. 김남주의 옥중시집 『조국은 하나다』를 펴냈던 남풍 출판사에서 펴내는 부정기 간행물이었다. 이 무크지는 제목 그대로 한국사의 현장성과 민중성을 중시하며 1990년 5월에 창간호가 출간되었다.

이 무크지의 창간호에는 「발간사」가 실려 있다. 이 글에서 "역사는 언제나 승자의 입장에 경사되어 정리되어 왔고, 그것은 곧 지배자에 의한 지배의 역사였다. 그들의 역사에는 역사의 주체인 민중은 뒷전으로 물러나기 일쑤였고, 오히려 그들의 지배논리를 합리화하는 장이 되기도 하였다"라고 밝힌 뒤 "역사가 이루어지는 현장은 동시에 민중의 생생한 생활의 장소이며 자기들이 삶을 올바로 세우기 위한 투쟁의 장소"라며, "지역의 민족운동의 전통을 복원하여 전체 민족운동의 대열에 올바르게 위치시키고 오늘날의 민중적 생활의 실태를 구체적으로 파헤침으로써 더 나은 방향에서 뭇사람들의 노력이 경주될 수 있도록 하는 사명"을 다할 것이라고 밝혔다.

창간호 특집은 '5·18 광주민중항쟁 9주년 기념 학술토론회'였다. 단순한 사건 기록이 아니라 광주의 진실을 되짚고, 그 의의와 과제를 제시하며, 이 항쟁을 민중의 역사로 다시 새기는 작업의 하나였다. 《역사와 현장》은 학문과 운동, 비판과 성찰, 역사와 미래가 모두 합쳐지는 공간이기도 했다.

《역사와 현장》 발간사

우리의 근·현대사를 살펴보건대 민중은 민족의 실체를 구성하면서 그 무겁고 괴로운 민족사적 임무를 끊임없이 수행해 왔다. 때로는 봉건 지배자들과 외세에 맞서 피를 흘렸고, 때로는 이 땅의 독재자들에 대항하여 생명을 아끼지 않고 싸웠다. 그러나 이러한 줄기찬 투쟁에도 불구하고 그들이 어떻게 싸워 왔고, 그들의 사상은 무엇이었는가 하는 것은 매우 소홀하게 취급되어졌다.

역사는 언제나 승자의 입장에 경사되어 정리되어 왔고, 그것은 곧 지배자에 의한 지배의 역사였다. 그들의 역사에는 역사의 주체인 민중은 뒷전으로 물러나기 일쑤였고, 오히려 그들의 지배논리를 합리화하는 장이 되기도 하였다. 그러한 과정에서 민중들의 입장에서 역사를 정립하는 데 필요한 1차적인 자료마저 거의 유실되고 말았다.

이러한 현상은 지역의 수준으로 내려오면 더욱더 심화되어 있어서

기껏해야 중앙의 지배 권력에 의한 지역 지배층의 대응의 측면이 부각되어 있고 실제 지역 민중의 삶은 지극히 축소되어 있다. 그러나 역사가 이루어지는 현장은 동시에 민중의 생생한 생활의 장소이며 자기들이 삶을 올바로 세우기 위한 투쟁의 장소이다.

한편으로 지역의 연구자들에게는 지역의 민족운동의 전통을 복원하여 전체 민족운동의 대열에 올바르게 위치시키고 오늘날의 민중적 생활의 실태를 구체적으로 파헤침으로써 더 나은 방향에서 뭇사람들의 노력이 경주될 수 있도록 하는 사명이 주어져 있음을 우리는 인식한다.

민중의 삶과 고난의 실상은 많은 경우 당사자들의 목격·체험담이나 그것이 입에서 입으로 전해 내려오는 구전에 의존할 수밖에 없다. 따라서 민중사의 측면에서 보면 그런 목격·체험담은 귀중한 사료적 가치가 있을 것이나 그것마저 방치된 채 유실되고 있는 실정이다. 이러저러한 저간의 사정에 비추어 우리나라의 근·현대사, 특히 지역의 그것을 올바르게 정립시켜야겠다는 입장에서 지난 1988년 5월 23일에 한국현대사사료연구소라는 명칭으로 본 연구소가 문을 열었다.

우선 사업으로 5·18 민중항쟁을 위주로 사료를 수집하고, 범위를 넓혀 지역 현대사 연구, 지역의 사회구조 분석, 그리고 민족민주운동에 관한 연구도 추진할 방침으로 현재 여러 독지가들의 도움을 받아 1차 사업을 추진해 오고 있다.

그러한 과정에서 지난 1년여 동안의 연구소의 활동과 표방했던 작업들의 일환으로 무크지를 내게 되었다.

48

모든 억압과 차별에 반대

한국 현대사에서 '진보'라는 이름은 오랜 시간 침묵을 강요당했다. 이승만 정권 당시 조봉암이 이끌었던 진보당이 해산되고, 조봉암이 사법살인을 당한 이후 한국 사회에서 '진보'는 탄압의 대상이자 거의 사라진 존재였다.

박정희와 전두환 정권을 거쳐, 그 뒤를 이은 정권들도 진보적 사상과 표현을 경계하고 불온시했다. '진보'는 낯선 단어처럼 느껴졌다. 깨어 있는 일부 지식인들이 '새는 좌우 두 날개로 난다'라고 가르쳤으나 소귀에 경 읽기에 그쳤다.

1990년대 후반, 세계는 또 다른 혼란에 접어들었다. 자본의 세계화가 빠르게 진행되면서 불평등은 더 심해지고, 삶은 더욱 팍팍해졌다. 신자유주의 체제 속에서 노동자와 민중의 권리는 축소되었고, 사회적 연대는 흔들렸다. 복지국가를 약속했던 중심 국가들조차 '20 대 80의 사회'로 양극화되었고, 주변부 국가들에서는 투기 자본과 초국적 자본이 파고들면서 민중의 삶이 파괴되었다.

이런 위기 속에서 한국의 진보적인 지식인들이 모였다. 현실을 진단하고, 대안을 모색하는 정론지가 필요하다고 공감했기 때문이다. 1999년 2월, '새로운 진보이론 정론지' 발간을 목표로 한다는 취지를 공개하고, 그 뜻에 동참한 이들의 명단도 발표했다. 여기에는 강내희, 김상곤, 김세균, 김성구, 김진철, 남구현, 노중기, 서관모, 신병현, 오세철, 이성백, 이세영, 정성진, 조민택, 김도형, 박성인, 이종희, 이한재, 채만수 등 여러 분야의 연구자들이 함께했다.

이들은 자본주의의 위기를 단지 경제적 불안으로만 진단하지 않았다. "신자유주의의 공세가 노동자, 민중의 오랜 투쟁의 성과물들을 무로 돌리려 하고 있고, 삶의 전 영역에서 비인간적·야만적인 결과들을 초래"한다고 보았다. 즉, 인간의 존엄과 공동체의 삶이 위협받고 있으며, 우리 삶의 영역을 비인간적 질서가 장악하고 있다고 판단했다.

그 결과, 1999년 4월 17일에 《진보평론》이 창간되었다. 창간호 앞머리에는 '《진보평론》 발간모임 결성선언문'이 실렸다. 이 잡지는 이후 한국 사회의 여러 문제, 즉 노동, 교육, 복지, 정치, 세계화, 언론, 젠더 등의 문제에 관한 비판적 목소리를 내고, 대안을 제시하는 글들을 싣는다.

《진보평론》 발간모임 결성선언문

　　지금 급속히 진행되고 있는 자본의 세계화는 일국적·세계적 차원에서 자본주의적 양극화 과정을 격화시키고 있다. 자본 측의 계급투쟁의 현재적 형태인 신자유주의의 공세가 노동자, 민중의 오랜 투쟁의 성과물들을 무로 돌리려 하고 있고, 삶의 전 영역에서 비인간적·야만적인 결과들을 초래하고 있다. 중심부 나라들에서는 '복지자본주의'가 '정글자본주의'로 대체되고 '20 대 80의 사회'가 고착되어 가고 있으며, 투기적 금융자본을 위시한 초국적 독점자본의 제약받지 않는 축적운동이 주변부, 반 주변부 나라들의 민중의 삶과 희망을 유린하고 있다.

　　자본주의의 착취적 본성이 적나라하게 드러나고 있는 가운데 이에 저항하는 노동자, 민중의 투쟁이 전 세계적으로 분출되고 있다. 근년의 프랑스 공공부문 노동자들의 투쟁과 실업자운동, 멕시코의 사파티스타 봉기, 1996~97년 한국 노동자들의 총파업 투쟁 등은 그 두드러진 예이다. 그러나 착취와 억압에 대한 수세적 저항은 좁은 한계를 지닌다.

변혁은 착취의 모순이 이데올로기적 반역과 결합함으로써만 일어난다. 오늘날 변혁운동의 근본적인 어려움의 하나는, 착취의 모순이 격화되고 자본주의와 자유주의의 위기가 심화되어 감에도 불구하고 스스로 대중 이데올로기로 전화하여 대중을 사로잡고 대중의 반자본주의 투쟁을 추동할 변혁 이론이 부재하다는 데에 있다. 종래의 사회변혁 이론은 지금까지 존재해 온 형상으로는 더 이상 대중을 사로잡기 어렵다.

해방의 지평이 복수로 있다 해도 우리에게 이론의 정박지는 노동착취와 관련된 적대이다. 우리 모임 안에 이론적·정치적 입장의 상당한 차이가 존재하지만 우리는 이러한 차이를 넘어 계급해방의 기획에 힘을 모으고자 한다.

나아가 착취와 모든 종류의 억압, 배제에 반대하는 우리는 《진보평론》이 이론적 작업의 영역에서 계급해방운동과 여성해방운동·반제국주의운동·반인종주의운동·환경운동 등의 연대와 교통의 장이 되기를 희망하며, 외국인 노동자, 동성애자, 장애인 등 다양한 소수자운동이 발언하는 장이 되기를 희망한다.

지금 대중은 어려운 조건 속에서도 운동하고 있으며 투쟁의 새로운 형태들을 창조해 가고 있다. 우리는 《진보평론》의 발간이 대중들의 운동의 진전에 기여하도록, 우리의 이론적 작업이 대중운동과 결합하여 진보와 해방의 도정에서 유의미한 진전을 이루어 낼 수 있도록 최선을 다하고자 한다.

49

우리말로 학문하기

2001년 봄, 우리나라 학계에서 이색적인 모임이 하나 만들어졌다. 모임의 목적은 우리 눈으로 세상을 보고 주체적으로 사유하여 서로 묻고 배우면서 우리 스스로 삶의 문제를 해결하는 것, 즉 학문의 고유 과제를 우리말로 학문하는 것이었다. 그러기 위해서 '사람과 자연, 사람과 문화, 사람과 사람' 사이를 이어 주는 학문의 역할을 '삶과 앎의 사이짓기'로 확장하려 했다.

이 모임은 '우리말로 학문하기 모임우학모'이다. 번역된 언어에 기대어 사고하던 관행에서 벗어나고자 한 이 모임은 인문, 사회, 자연, 예술 분야의 학자와 연구자들, 그리고 종교인까지 함께 모여 공부하는 공동체였다. 우리의 주체성과 정체성을 확립하기 위해 다른 학문과 활발하게 소통했다.

이들은 우리 삶의 텃밭에 뿌리를 내린 삶의 문법과 논리를 찾아내려는 목표, 즉 지식은 우리 삶으로부터 나오고 삶을 향해 가야 한다는 믿음이 있었다. 이는 우리말에 담긴 논리와 정서를 다듬는 일로, 다시 학문적 언어를 모두가 함께 쓰는 언어로 바꾸려는 노력으로 이어졌다.

이들은 '지식인의 임무가 삶과 앎 사이의 돌쩌귀 역할'이라고 강조했다. 이런 생각을 실천하기 위해 2002년 7월에 교양 학술지 《사이》를 창간했다.

'사이'라는 이름에는 틈과 만남, 차이와 소통, 그리고 이어짐 등의 뜻이 담겨 있었다. 창간호는 '우리말로 학문한다는 것의 뜻', '우리말로 학문하는 길', '우리 문화 키우기', '왜 우리말로 학문해야 하나', '우리말로 용어 다듬기' 등으로 꾸며졌고, 삶의 언어로 학문의 문을 연다는 시도가 잘 드러나 있었다.

《사이》는 전문성을 유지하면서도, 누구나 읽고 생각할 수 있는 학문을 지향했다. 어려운 개념을 우리말로 쉽게 풀어 썼다.

우학모는 다양한 활동을 이어 갔다. 세미나, 워크숍, 토론회 등을 열어 학문이 연구실에서 세상 밖으로 나아갈 수 있는 길을 열었다. 2005년부터는 '우리말 학문하기 연속강좌'를 열어 강연을 펼쳤다. 우학모가 뿌린 우리말 학문의 씨앗은 곳곳에서 싹을 틔우고 있다.

첫 호를 내면서

　　서양은 더 이상 이 세계의 절대중심이 될 수도 없고 되어서도 안 된다. 서양의 기술문명과 경제 중심의 세계관이 퍼뜨리고 있는 지구 위의 재앙을 똑바로 보아야 한다. 서양은 이제라도 앞장서서 자신이 지금껏 보려고 하지 않아 볼 수 없었던 자유방식과 생활태도를 다른 문화권의 차이에서 보고 배우려는 겸손한 자세를 가지고 '하나뿐인 지구'가 파멸의 나락으로 떨어지는 것을 막아야 한다. 이것이 세계화 시대를 맞이하여 세계화의 추세에 갈피를 못 잡고 있는 이 땅의 한국인이 가져야 할 문제의식이다.

　　우리는 더 이상 현대화라는, 세계화라는 미명 아래 서양을 흉내 내는 식민지 근성을 벗어던져야 한다. 탈서양을 외치고 있는 시대의 분위기를 제대로 읽고 다중심의 다극화시대에 흔들리지 말고 이 땅 우리의 역사와 문화에 뿌리를 내려 중심을 굳건하게 잡고 우리 스스로 주체적으로 우리의 문제, 세계의 문제를 풀어나가는 ‘세계 속의 한국인’이 되려고 노력해야 한다.

고르게 가난한 사회를 위하여

산업화와 근대화의 거센 흐름 속에서 생명과 생태, 공동체의 가치를 줄곧 외치는 잡지가 있다. 1991년에 창간된 《녹색평론》이다.

이 잡지는 한국 사회에서 주변부로 밀려난 농업, 지역, 생태, 탈성장, 탈핵, 자립 같은 주제들을 중심으로 이야기하며, 지속 가능한 삶의 가능성을 찾는다. 정권과 자본의 논리에 길들지 않은 목소리, 즉 진정한 '언론'과 '비평'의 기능을 수행하기에 이 잡지는 여전히 고유한 자리를 차지하고 있다.

이 잡지를 창간하고 운영한 사람은 김종철이다. 그는 우리나라 지성사에서 특이한 존재이다. 안정적인 대학교수 자리를 던지고 미래가 불확실한 잡지를 만들어 30여 년간 발행했기 때문이다.

그는 자본과 개발 논리에 짓눌린 시대에 '작고 느리며 조화로운 삶'의 철학을 꾸준히 펼쳤다. 당시 사람들에게 매우 낯선 생태주의를 전파하고, 기본소득세 도입과 소농 체제로 전환 같은 파격적인 주장을 펼치며 환경과 생명사상의 중요성을 전파했다. 그는 자신의 사상과 일치하는 삶을 추구했으며, 《녹색평론》은 단순한 환경주의를 넘어 인간 존재의 방식 자체를 되물었다.

《녹색평론》은 창간 이후 통권 173호_{2020년 7~8월호}까지 29년 동안 한 번도 결호 없이 발행되었다. 그 뒤에도 30주년 기념호인 통권 181호_{2021년 11~12월호}까지 계속 발간되었다. 잠시 휴간을 거친 뒤 지금은 계간으로 발행되고 있다.

삶의 방향을 고민하는 수많은 지식인과 시민에게 이 잡지는 또 하나의 길을 보여 주었고, 탈성장과 생명 중심 사회에 대한 논의는 이후 다양한 담론과 실천운동의 씨앗이 되었다. 김종철은 그 사이에 『간디의 물레』, 『비판적 상상력을 위하여』, 『땅의 옹호』, 『근대문명에서 생태문명으로』 같은 저서를 남기며 '생태사상가'의 반열에 올랐다.

김종철은 《녹색평론》의 권두언_{책의 머리말}을 직접 썼다. 그는 민주주의조차도 생태적 관점에서 다시 성찰해야 한다고 주장했고, '비폭력적인 삶, 비소비적인 삶, 공동체적인 삶'을 대안으로 그의 글은 단순한 이념이 아니라, 무분별한 개발로 인한 생태 파괴와 공동체 해체를 눈앞에서 겪던 한국 사회에 깊은 울림을 주고, 우리 사회에 죽비소리가 되었다.

《녹색평론》 100호를 내면서

(…) 사실, 창간 이후 《녹색평론》이 줄곧 말해온 '고르게 가난한 사회' 혹은 '공생공락의 가난'이라는 개념은 오늘날 한국사회에서는 쉽게 이해될 수 있는 생각이 아니다. 그것은 정치적 입장을 막론하고 그렇다고 할 수 있다. 생산력의 증대 혹은 경제성장이라는 것을 인간의 역사적·사회적 진화의 불가결한 전제조건으로 파악하는 한, 전통적 의미에서 좌우의 정치적 이념은 서로 근본적으로 다르지 않다고 할 수 있다.

오늘날 한국의 '진보진영'의 근본문제는 경제지상주의를 표방하는 지배세력에 맞서서 충분히 철저한 대안논리를 구상하지 못하고 있다는 점에 있다고 할 수 있다. 그들은 늘 신자유주의 이데올로기를 비판하면서 성장과 분배의 균형을 주장하고 있지만, 그들이 사회적 공평성과 복지의 전제조건으로 성장논리를 시인할 수밖에 없는 이상, 가혹한 경쟁에서 살아남는 게 우선이라는 지배세력의 논리에 굴복하기 마련이다.

그리고 이런 상황이 지속되는 한, '경제'를 위해서 인간적 가치와 환경은 언제까지나 희생당할 수밖에 없는 것이다. 아무리 이대로는 안 된다고 할지라도, '대안'이 없다고 사람들이 생각하는 한, 암울한 상황을 벗어날 출구는 결코 보이지 않는다.

《녹색평론》이 계속 말해온 '공생공락의 가난'은 결코 비현실적인 이상주의적 논리가 아니다. 지금 우리가 직면하고 있는 위기들은 본질적으로 보다 많은 자본, 기술혁신, 생산성 제고 따위로 해소될 수 있는 것이 아니라, 오늘의 자본주의 체제와 사회관계의 발본적인 변혁에 의해서만 극복될 수 있는 것이다. 그러기 위해서, 무엇보다도 필요한 것은 '공존공영'이라는 개념을 포함하여, 무릇 모든 형태의 물질적 '번영'이라는 개념 자체가 공생의 논리와는 절대로 양립할 수 없다는 근본적 인식의 공유일 것이다. 이것은 인간다운 사회가 되기 위해서는 우선 물질적으로 부유한 사회가 되어야 한다는, 광범위하게 뿌리 깊이 퍼져 있는 맹목적인 믿음으로부터 해방되어야 한다는 것을 뜻한다.

그러나 그러한 해방이 결코 쉬운 것일 수는 없다. 우리는 지금 국가와 자본이 일체화된 세계에서 살고 있고, 국가와 자본은 본성상 끝없는 경쟁논리와 자기확대의 욕망으로 움직이는 메커니즘이다. 그러므로 '고르게 가난한 사회'를 말한다는 것은 자본의 지배에 대한 저항일 뿐만 아니라, 나아가서 '국익'을 포함한 일체의 근대 국가적 가치에 대한 반역을 의미할 수 있다. 그러니까 일찍이 간디가 그랬던 것처럼 우리 자신도 "무책임하고, 미숙하고, 미쳤다"는 비난을 기꺼이 받아들일 각오를 하지 않는 한, '가난'을 옹호한다는 것은 불가능한 일일지 모른다. 하지만 우리는 "책임 있고, 성숙하고, 멀쩡한 정신을 가진 사람들"이 바로 "역사상 가장 파괴적이고 어리석은" 이 시대를 주도해온 사람들이라는 것을 기억할 필요가 있다. 우리는 지금 《녹색평론》을 사랑하고 지지해주는 "무책임하고, 미숙하고, 미친" 사람들과 함께 한층 더 우리의 입장을 비타협적으로 견지할 수밖에 없겠다는 생각으로 100호 기념호를 펴낸다. (…)*

* 　　녹색평론 편집부, 《녹색평론》, 2008년 5-6호(통권 100호), 녹색평론사, 2008.

"

우리에게 희망이 있는가? 지금부터 이십 년이나 삼십 년쯤 후에 이 세상에 살아남아 있기를 바라는 사람이 과연 몇이나 될 것인가?

"

《녹색평론》 창간사 중에서

51

민주화 운동을 돌아본다

2001년 1월 28일, 대한민국 국회는 뜻깊은 결정을 내렸다. 한국 민주주의를 지탱해 온 민주화 운동 정신을 국가적으로 계승·발전시켜야 한다는 사회적 합의에 따라 '민주화운동기념사업회법'을 제정했다.

이와 함께 우리의 민주주의 발전 과정을 기념하고, 올바른 역사를 정립하고, 나라를 위해 헌신하신 분들의 정신을 기리며, 민주화 운동의 소중한 경험과 자산을 후대에 물려주기 위한 기구로 '민주화운동기념사업회'가 설립되었다. 연구소 부설로 민주화운동 및 민주주의를 연구하는 연구소도 만들어졌다.

민주화운동기념사업회의 초대 이사장으로 반독재 민주화를 이끌어 온 박형규 목사가 임명되었다. 박형규 목사는 교회 안에서만 머무는 목회자가 아니었다. 유신독재, 광주 민주화 운동, 6월 민주항쟁 등 굵직한 사건마다 그는 앞장섰고, 투옥도 마다하지 않았다. 그의 신앙은 행동으로 실천하는 것이었고, 민주주의는 지켜야 할 신념이었다.

민주화운동기념사업회는 민주화운동기념관을 건립하고, 민주화 운동의 기록을 수집하고, 민주열사의 삶을 정리하며, 민주화 유적지를 보존하는 사업 등 많은 일을 추진했다. 6월 민주항쟁이 국가기념일로 지정되기까지도 큰 역할을 했다.

2002년 겨울에는 대중적 학술 계간지 《기억과 전망》을 창간했다. 창간호는 특집으로 '오늘, 한국의 민주화 운동을 돌아본다'를, 기획으로 '민주주의와 선거'를 다루었다. 이 잡지는 과거와 현재, 이론과 실천, 운동과 시민을 잇는 통로가 되기를 바랐다.

박형규 목사는 창간사 「참다운 민주화를 위한 소통의 한마당이 되기를」에서 민주주의는 과거의 유산이 아니라 끊임없이 실현해야 할 과제라고 강조하며 기념사업회가 나아가야 할 방향 등도 소개했다. 특히 기억의 중요성을 역설했다. 민주화 운동은 소수의 영웅이 이룬 일이 아니라, 이름 없이 헌신한 수많은 시민들의 땀과 눈물로 이루어진 것으로, 이들의 삶을 기억하고 그 뜻을 잇는 것이 곧 미래를 여는 열쇠라고 말했다.

《기억과 전망》은 이러한 정신을 담은 잡지이다. 과거를 돌아보되 거기에 머무르지 않고, 앞으로 나아가기 위한 기록이었다. 이후 이 잡지는 꾸준히 민주화 운동의 사료를 발굴하고 담론을 형성하는 데 힘썼다.

참다운 민주화를 위한 소통의 한마당이 되기를

1970년대 이후 한국의 역사는 경제성장의 역사인 동시에 민주화 운동의 역사이기도 했습니다. 지난 시기 우리 민족은 '보릿고개'로 상징되는 기나긴 가난의 역사를 뚫고, 온 민족이 보다 나은 생활을 할 수 있는 경제적 터전을 일구어 왔습니다. 그러나 다른 한편 민주화 운동은 바로 그러한 경제성장을 배경으로 하여 움트고 자라났습니다. 왜냐하면 한국의 경제성장은, 독재권력과 재벌의 결탁 그리고 외세의 개입 및 분단이라는 환경적 요인의 부정적 영향으로 말미암아, 많은 사회·경제적 모순과 노동자 및 서민의 희생을 배태하며 진행되어 왔기 때문입니다. 그 와중에 국민의 정치의식이 점차 성숙해 가면서 국민의 힘이 다양한 민주화 운동으로 모아질 수 있었습니다.

저는 그 민주화 운동의 정점이 87년 6월항쟁이라 생각합니다. 과거처럼 소수의 선각자와 지식인 중심으로 운동이 전개된 것이 아니라, 일반 시민을 포함한 대중의 힘이 항쟁의 원동력으로 작용했습니다. 우리가 즐겨 떠올리는 이른바 '넥타이 부대'라는 표현 속에 잘 드러나고 있는 것처럼, 한국의 역사에서 모처럼 대중운동의 지평이 역동적으로 부활한 거사라 할 수 있습니다. 우리는 그 뜨거웠던 연대의 열정과 분출하는 대중의 힘을 잘 기억합니다. 그리고 화합과 결속의 소중함을 다시 한번 뼈저리게 상기합니다.

돌이켜 생각해 보면, 저희 민주화운동기념사업회가 창립될 수 있었던 것도 바로 이러한 민주화 운동의 역사적 성과에 힘입은 바 크다고 말할 수 있습니다. 이런 의미에서 저는 저희 기념사업회의 소명이 지나간 한국 민주화 운동의 위대한 역사를 올바로 '기념'하고, 나아가서는 우리의 후손이 영원히 '기념'할 수 있는 자랑스러운 과거의 기억과 자랑할 만한 미래의 전망을 동시에 확보하기 위한 이중적 '기념'사업의 책무를 짊어지고 있다고 말할 수 있습니다.

민주주의는 전 인류가 합심해서 추구해야 할 지고의 가치일 뿐만 아니라, 동시에 지칠 줄 모르는 운동을 통해서 쟁취되어지는 과정이라고 생각합니다.

그러므로 민주주의는 기나긴 인류의 역사에서 얼마나 많은 민중의 땀과 피를 요구해 왔습니까. 그러나 지금까지의 역사는 민주주의가 정치적 민주화의 달성이라는 제한된 목표의 실현에만 머물 수 없다는 것을 우리에게 가르치고 있습니다. 사실상 민주주의는 다방면에서 자유와 평등의 온전한 실현과 보편적 인권의 확립을 지향하는 이념으로 인식되어 왔습니다. 그렇기 때문에 민주주의는 인류가 끊임없이 추구하고 쟁취해 나가지 않으면 안 되는 숨 가쁜 운동의 과정이기도 한 것입니다.

여기서 잠시 현재 한국의 현실을 돌이켜보고자 합니다. 저는 오늘날 한국의 현실 속에서 희망과 동시에 절망을 봅니다. 기억에도 새로운 '붉은 악마'가 보여 준 뜨거운 결속력이 국민의 저력을 다시금 일깨워 주었던 반면, 국민의 정치의식은 아직도 지역주의와 연고주의, 파벌의식 등으로 분열의 모습을 극복하지 못하고 있습니다. 물론 '사회적 소수자'의 인권이 서서히 개선되는 징후를 곳곳에서 볼 수 있습니다만, 동시에 곳곳에서 구시대적인 인권유린과 탄압이 끊임없이 되풀이되고 있습니다. 뿐만 아니라 벤처기업이 활성화되는 등 한국의 경제구조가 과거보다 점차 '합리화'되어 가고 있는 이면에는, 사회의 불평등 구조가 더욱 악화됨에 따라 많은 국민들이 불안정한 고용으로 고통받고 있습니다. 한편으로는 6·15 남북정상회담 이후 정부 간 대화와 스포츠 및 문화 부문 등에서 민간 교류가 활발해지고 있긴 하지만, 다른 한편으로는 남북 간의 지속된 불신은 좀처럼 해소되지 않고 있고 전쟁의 위협도 사라지지 않고 있습니다. 이처럼 희망과 절망·낙관과 비관이 교차하는 것이 현재 우리나라 민주주의의 현주소라 생각합니다.

이처럼 쉽게 낙관할 수도 그리고 또 쉽게 비관할 수도 없는 현실이긴 하지만, 우리 모두는 한국의 민주주의 발전을 위하여, 한편으로는 한국 민주화 운동의 위대한 역사를 올바로 복원하고, 다른 한편으로는 참다운 민주주의 구축을 위한 희망의 싹을 미래지향적으로 굳세게 키워 나가야 할 것입니다.

저는 이러한 과업이 현시대의 징표요, 우리의 소명이 아닌가 생각합니다. 우리를 쉽게 희망하거나 절망할 수 없도록 만드는 이 격동의 시대에, 그리고 민주화 운동의 꾸준한 지속과 발전이라는 과제의 실현이 더욱더 소중한 역사적 요청으로 부각되는 바로 이 시기에, 저희 민주화운동기념사업회에서는 연구소 주관으로 대중적 학술 계간지 《기억과 전망》을 발간하게 되었습니다. 바로 이 계간지의 제호가 저희 기념사업회가 앞으로 나아가야 할 방향과 추구해야 할 사명을 적절히 그리고 상징적으로 말해 주고 있다고 생각합니다. (…)*

* 《기억과 전망》 창간호, 민주화운동기념사업회, 2002.

52

순수한 폭력은 없다

무능한 정부에서 형이하학적 속물들이 권력의 요로를 차지하고 헛된 말과 글이 범람한다. 언론 쓰레기, 법비法匪, 관구官拘, 학기學妓, 뉴라이트 사적史賊 들이 칼춤을 춘다. 우리말은 모욕당하고 심하게 오염된다.

고려 무인 시대, 일제 강점기, 군사독재 시기에도 정도를 걷고 정론을 쓴 문인들이 있었듯이, 헛된 말과 글이 범람하던 때에도 정론의 문객이 있었다. 그 인물은 김택근이다.

중국에 '당·송 8대가'가 있었다면 이 땅에는 고려·조선에 '여한십가문麗韓十家文'이 있었다. 조선 시대에는 이식, 김창섭, 박지원, 홍석주, 김매순, 이건창 같은 이들을 꼽을 수 있다. 이들의 글은 산문이 중심이었다.

김택근은 이 산문 정신의 맥을 잇는 현대의 문객이다. 시인으로 등단하여 《경향신문》 문화부장과 논설위원 등을 거친 뒤 지금은 작가로

활약하고 있다. 김대중 전 대통령의 요청으로 쓴 『김대중 자서전』을 비롯해 『성철 평전』, 『용성 평전』, 『강아지 똥—별이 된 사람 권정생』 등의 책을 냈다.

소설가 정지아는 김택근의 글을 다음과 같이 표현했다. "김택근의 글은 바람이다. 거짓과 불의를 송두리째 뒤흔든 성난 태풍이고, 상처 입은 것들을 다독이는 다정한 봄바람이며, 곧 스러질 것들과 함께 우는 가을바람이다."

시인 김택근은 2024년 11월 『김택근의 묵언』동아시아이라는 산문집을 출간했다. 《경향신문》 등에 연재한 글들을 엮어 펴냈다. 그 글들 가운데 「프롤로그: 물기 어린 시대를 건너며」의 일부를 소개한다.

프롤로그: 물기 어린 시대를 건너며

내재된 폭력성은 주머니에 든 송곳처럼 어느 순간 밖으로 튀어나온다. 맞고 자란 아이가 남을 때린다. 폭력에 감염되었기 때문이다. 욕망이 길을 잃으면 폭력을 동원하고 싶어 한다. 폭력의 위력을 목격했기 때문이다. 또 자신이 휘두른 폭력에 대해서는 나름의 의미를 부여한다. 폭력을 경험한 사람이 폭력에 대한 유혹을 끊기는 참으로 어렵다.

우리 시대는 박정희와 전두환이라는 독재자가 곧 폭력이었다. 폭군들은 폭력에 그럴듯한 명분을 붙이고 그 폭력 뒤에 숨어서 폭력을 조장했다. 그렇게 국가폭력이 난무했다. 국민은 독재정권이 연출하는 무대에서 주어진 삶을 또박또박 살아내야 했다. 새마을 모자를 써야 했고, 머리를 잘라야 했고, 짧은 치마를 입어야 했다. 국가폭력의 살기가 자욱하던 시절에 나는 이런 시를 썼다.

"오伍와 '열列이 반듯한 사람들이 풍경화 속으로 걸어 들어간다/두 팔 내려 그을린 마음 받쳐 들고 간격 좁히는 우리들/꿈 묻을 하늘 한 조각 없는 이 땅의 나무들"—시 〈봄꿈〉 일부

"살아 있는 것들은 수상해. 숫자로 묶어. 아니 숫자 속에 박아. 생각에도 일련번호를 매겨. 보라구 저 잘난 척을. 숫자가 거꾸로 섰잖아. 저놈들 '제 잘난 맛'을 탁탁 토막 내어 고유넘버를 붙여. 거봐, 보기 좋지. 세상에 숫자만큼 분명한 건 없지. 깔끔하잖아. 이제야 질서가 잡혔군. 지저분한 건 딱 질색이야. 당신들 행복하지? 그치? 아 참 행복에 붙일 좋은 번호 없을까?"—시 〈점호-숫자들의 세상〉

우리는 '조국 근대화'와 '정의사회 건설' 같은 구호에 마냥 나부껴야 했다. 그것들은 국가 폭력의 다른 명칭이었다. 아픈 시절이었다. 세상에 순수한 폭력은 없다. 욕망의 그림자가 폭력화하지 않으려면 참회를 해야 한다. 하지만 우리 사회는 참회하지 않았다. 모두가 공명共鳴하는, 과거를 씻기는 거대한 의식을 치르지 않았다. 공적인 반성을 하지 않았다. 그래서 지금도 국가와 직장, 심지어 종교마저 폭력을 품고 있다. 일제 강점기, 한국전쟁, 미군정, 독재 정권의 폭력이 남아 있다. 돈과 권력은 물론이고 학연, 지연이란 폭력이 도사리고 있다. 그 폭력의 실체를 발가벗기고 폭력 유발자들을 고발하고 싶었다.*

*   김택근, 『김택근의 묵언』, 동아시아, 2024, 14~15쪽.

53

대통령을 파면한다

헌법재판소^{헌재}는 2025년 4월 4일 오전에 윤석열 대통령에게 전원 일치_{8 대 0} 의견으로 '파면'을 선고했다. 12·3 비상 계엄 사태가 벌어지고 123일 만이다. 문형배 헌재 소장 권한대행은 "재판관 전원의 일치된 의견으로 주문을 선고한다"라며 "주문, 피청구인 대통령 윤석열을 파면한다"라고 선언했다. 이날 오전 11시 22분 주문이 낭독된 즉시 윤석열 전 대통령은 파면되었다. 취임한 지 약 2년 11개월 만이다.

박근혜 전 대통령 파면 이후 8년여 만에 벌어진 일이다. 윤석열 대통령은 집권한 뒤 부부가 함께 국정을 농단하며 실정을 거듭하다가 군경을 동원하여 12·3 친위 쿠데타를 일으켰다. 이 쿠데타는 실패로 돌아갔고, 국민의 저항으로 대통령은 파면이라는 결말을 맞았다. 한겨울 추위와 눈보라 속에서도 광장에 나와 내란 세력과 맞섰던 시민들은 다시 한번 무혈투쟁으로 독재자를 퇴진시켰다.

헌재가 발표한 「윤석열 탄핵 인용 선고」는 114쪽에 이른다. 이 선고문이 발표되자 사람들은 '명문'이라며 감탄하고, 다시 읽고 베껴 쓰는 열풍까지 일으켰다. 한국 현대사를 밝히고 이끈 명문을 소개하는 이 책의 마지막으로 그 선고문 가운데 마지막 부분을 소개한다.

윤석열 탄핵 인용 선고

대통령의 권한은 어디까지나 헌법에 의하여 부여받은 것입니다. 피청구인은 가장 신중히 행사되어야 할 권한인 국가긴급권을 헌법에서 정한 한계를 벗어나 행사하여 대통령으로서의 권한 행사에 대한 불신을 초래하였습니다.

피청구인이 취임한 이래 야당이 주도하고 이례적으로 많은 탄핵 소추로 인하여 여러 고위공직자의 권한 행사가 탄핵 심판 중 정지되었습니다.

2025년도 예산안에 관하여 헌정 사상 최초로 국회 예산결산특별위원회에서 증액 없이 감액에 대해서만 야당 단독으로 의결하였습니다.

피청구인이 수립한 주요 정책들은 야당의 반대로 시행될 수 없었고, 야당은 정부가 반대하는 법률안들을 일방적으로 통과시켜 피청구인의 재의 요구와 국회의 법률안 의결이 반복되기도 하였습니다.

그 과정에서 피청구인은 야당의 전횡으로 국정이 마비되고 국익이 현저히 저해되어 가고 있다고 인식하여 이를 어떻게든 타개하여야만 한다는 막중한 책임감을 느끼게 되었을 것으로 보입니다.

피청구인이 국회의 권한 행사가 권력 남용이라거나 국정 마비를 초래하는 행위라고 판단한 것은 정치적으로 존중되어야 합니다.

그러나 피청구인과 국회 사이에 발생한 대립은 일방의 책임에 속한다고 보기 어렵고, 이는 민주주의 원리에 따라 해소되어야 할 정치의 문제입니다. 이에 관한 정치적 견해의 표명이나 공적 의사결정은 헌법상 보장되는 민주주의와 조화될 수 있는 범위에서 이루어져야 합니다.

국회는 소수의견을 존중하고 정부와의 관계에서 관용과 자제를 전제로 대화와 타협을 통하여 결론을 도출하도록 노력하였어야 합니다. 피청구인 역시 국민의 대표인 국회를 협치의 대상으로 존중하였어야 합니다.

그럼에도 불구하고 피청구인은 국회를 배제의 대상으로 삼았는데 이는 민주정치의 전제를 허무는 것으로 민주주의와 조화된다고 보기 어렵습니다.

피청구인은 국회의 권한 행사가 다수의 횡포라고 판단했더라도 헌법이 예정한 자구책을 통해 견제와 균형이 실현될 수 있도록 하였어야 합니다.

피청구인은 취임한 때로부터 약 2년 후에 치러진 국회의원 선거에서 피청구인이 국정을 주도하도록 국민을 설득할 기회가 있었습니다. 그 결과가 피청구인의 의도에 부합하지 않더라도 야당을 지지한 국민의 의

사를 배제하려는 시도를 하여서는 안 되었습니다.

그럼에도 불구하고 피청구인은 헌법과 법률을 위반하여 이 사건 계엄을 선포함으로써 국가긴급권 남용의 역사를 재현하여 국민을 충격에 빠트리고, 사회·경제·정치·외교 전 분야에 혼란을 야기하였습니다.

국민 모두의 대통령으로서 자신을 지지하는 국민을 초월하여 사회 공동체를 통합시켜야 할 책무를 위반하였습니다.

군경을 동원하여 국회 등 헌법기관의 권한을 훼손하고 국민의 기본적 인권을 침해함으로써 헌법 수호의 책무를 저버리고 민주공화국의 주권자인 대한국민의 신임을 중대하게 배반하였습니다.

결국 피청구인의 위헌·위법 행위는 국민의 신임을 배반한 것으로 헌법 수호의 관점에서 용납될 수 없는 중대한 법 위반 행위에 해당합니다.

피청구인의 법 위반 행위가 헌법 질서에 미친 부정적 영향과 파급효과가 중대하므로, 피청구인을 파면함으로써 얻는 헌법 수호의 이익이 대통령 파면에 따르는 국가적 손실을 압도할 정도로 크다고 인정됩니다.

이에 재판관 전원의 일치된 의견으로 주문을 선고합니다. 탄핵 사건이므로 선고 시각을 확인하겠습니다. 지금 시각은 오전 11시 22분입니다.

주문 피청구인 대통령 윤석열을 파면한다.

이것으로 선고를 마칩니다.